« T'es une merde frère. »
Signé Hanouna.

DU MÊME AUTEUR

Liberté, égalité, réalité, Stock, 2006

On prend (presque) les mêmes et on recommence,
Flammarion, 2016

La liberté de ma mère. Mai 68 au Pays basque, Hachette, 2018,
J'ai lu, 2018

Mon service militaire, Flammarion, 2019

J'ai un accent, et alors ? Témoignage et enquête sur une discrimination oubliée, Michel Lafon, 2020

Le Dernier Cadeau du Général, Flammarion, 2020

Les Amateurs. Les coulisses d'un quinquennat,
Flammarion, 2021

Jean-Michel Aphatie

« *T'es une merde frère.* » Signé Hanouna.

Robert Laffont

ISBN : 978-2-221-28418-6
Dépôt légal : septembre 2025
Éditions Robert Laffont – 92, avenue de France, 75013 Paris
contact@robert-laffont.com

À la fin de l'enquête pour la rédaction de ce livre, j'ai adressé des questions par écrit à Cyril Hanouna.

Il m'a répondu par SMS :
« Tout le monde s'en balec' de ton livre. T'es une demer frère. »

Traduit en français ancien :
« Tout le monde s'en bat les c... de ton livre. Tu es une merde frère. »

C'est donc lui qui a trouvé le titre de l'ouvrage. Qu'il en soit remercié.

Introduction

Quand j'ai dit autour de moi que je voulais écrire un livre sur Cyril Hanouna, j'ai vu les regards briller. J'ai compris que l'intérêt pour le personnage était grand et la curiosité significative pour en savoir plus sur une personnalité connue et malgré tout mal connue. J'ai puisé là un encouragement constant à poursuivre et à achever ce travail.

Pourquoi s'intéresser à Cyril Hanouna ? D'abord, parce que l'histoire de cet enfant des banlieues devenu une vedette mérite d'être racontée. Elle est le produit d'un talent particulier porté par une énergie peu commune, qu'aiguille un instinct rarement pris en défaut. Ainsi armé, l'homme s'est hissé au faîte de la notoriété, ce dont se félicite son compte en banque, garni, dit-on, à millions.

Voilà donc notre héros riche et célèbre. Bien peu parmi nous peuvent en dire autant.

Mais ce livre ne peut pas être celui de la description du bonheur. Le personnage porte en lui des noirceurs qui l'éloignent de cet idéal.

Humiliant avec ses chroniqueurs, insultant envers ceux qui lui déplaisent, menaçant à l'occasion, l'animateur dément toutes les règles civiques et civiles que l'on enseigne dans les écoles et les manuels de savoir-vivre. Entouré par des courtisans, encouragés par des « fanzouzes » – le nom qu'il donne à ses supporteurs –, soutenu par des employeurs qui révisent la notion de l'inacceptable en fonction des recettes publicitaires, il apparaît nimbé de l'aura suspecte des gourous qui exigent d'être suivis aveuglément.

Viriliste et autoritaire, il incarne cette glissade que l'on constate partout dans les démocraties occidentales et que l'on pourrait, ici, qualifier de trumpisme médiatique.

Il est donc, c'est son grand intérêt, un produit de l'époque.

*

Il existe aussi à son propos un mystère à plusieurs tiroirs.

Le premier concerne sa rencontre avec le milliardaire breton Vincent Bolloré.

On imagine difficilement deux hommes plus dissemblables. Cyril Hanouna est exhibitionniste, mégalomane et voyage avec un sac à idées ultra-léger. Vincent Bolloré est secret plutôt que discret, conservateur au point d'apparaître rétrograde, adepte du rangement plutôt que du fouillis, fût-il créatif.

Cela n'a pas empêché le second de signer plusieurs gros chèques au premier, convertis en villa à Saint-Tropez – 8,5 millions d'euros[1] –, en yatch privé et en voitures de luxe.

Où se sont croisés ces deux destins ? Se sont-ils aimés tout de suite ? S'aiment-ils encore ? Voici quelques questions brûlantes. Elles nous mènent au second tiroir.

Mis à part l'aisance financière, peut-on dire du milliardaire qu'il a influencé le banlieusard ou bien qu'il l'a converti ? Sans négliger le fait que, peut-être, il n'a compté pour rien dans le désordre...

Au début de sa notoriété, Cyril Hanouna animait les soirées de Ni putes ni soumises et de SOS Racisme. Quinze ans plus tard, il sympathise avec Éric Zemmour – multicondamné pour déclarations racistes – et tente de cacher – assez mal – une amitié avec Jordan Bardella, le président du Rassemblement national.

---

1. *Closer*, 15 mai 2025 : « S'étendant sur 5 000 mètres carrés, la propriété possède des vignes. Cyril Hanouna aurait déboursé 8,5 millions d'euros pour l'acquérir. »

Est-ce sous l'influence de son mécène qu'il s'est ainsi transformé ? Ou bien a-t-il simplement fini d'ouvrir son cœur aux sentiments qui s'y trouvaient ?

★

Voici quelques questions, parmi d'autres, auxquelles il m'a paru intéressant d'apporter des réponses.

Pour cela, il n'existe qu'un seul outil : l'enquête. Ici, elle s'est révélée plus facile à imaginer qu'à effectuer.

C'est que l'animateur de télévision fait peur, il intimide, envoie des messages glaçants à ceux qui lui déplaisent ou le critiquent : « Je vais te casser les jambes ! » ou : « Tu vas finir dans un coffre ![2] ».

Comment s'étonner alors que des personnes contactées négligent même de répondre ? D'autres déclinent. D'autres encore veulent bien parler, cachées dans le recoin d'une brasserie mais en faisant promettre, deux fois plutôt qu'une, un anonymat plus noir que noir.

Cela se passe en France, dans la première partie d'un siècle que l'on dit éloigné de l'âge des cavernes.

Demeurent heureusement quelques courageux qui disent et assument. Qu'ils soient remerciés.

2. François Rousseaux, « Comment l'animateur de *TPMP* s'est imposé en caïd du PAF », *Télérama*, 28 novembre 2023.

Grâce à eux, et à la débrouillardise dont nous avons tous une certaine quantité en partage à la naissance, le travail a pu être achevé.

C'est ainsi qu'à la fin de la lecture, vous en saurez un peu plus sur *TPMP*, son créateur et son Dieu, et aussi sur ceux qui l'ont aidé à devenir ce qu'il est : Cyril Hanouna.

Prologue

Cyril Hanouna n'a jamais pensé que l'école l'aiderait à construire sa vie.

Un bac D décroché à la deuxième tentative ; un deug de gestion à l'université Paris-Tolbiac obtenu dans les soupirs de l'ennui ; des études entamées – et demeurées inachevées – d'expert-comptable : le tableau est médiocre.

Cela s'explique. Les passions du jeune Cyril l'amènent dans un ailleurs où les études sont bannies.

Il y a le tennis d'abord.

Le garçon court vite, frappe fort. Il aime gagner. Il est heureux quand il gagne. Mais il comprend rapidement, s'il a un jour imaginé l'inverse, qu'il ne fera pas de ce sport son métier. Reste une nostalgie qu'il a nourrie en se constituant une collection complète de *Tennis Magazine*, un mensuel de passionnés dont le premier numéro est paru en avril 1976. Cyril Hanouna n'avait pas encore 2 ans.

L'autre vampire de ses sens trône au milieu du salon familial.

La télévision qui surgit dans une vie, ce sont des images, des couleurs, le rire, la joie. Cyril adore. Collégien, il sèche des cours pour la regarder chez des copains. Petit-fils aimant, il passe du temps avec sa grand-mère maternelle, malade, devant cette machine qui l'aide à oublier les douleurs.

Ainsi, il apprend tout de cet univers : les programmes, les animateurs, les vedettes. Que faire de cette richesse ? Le tracassin qui l'agite le pousse à participer aux jeux télévisés de l'époque. Les archives montrent Cyril Hanouna, visage adolescent, sur le plateau du *Juste prix* ou candidat à *Que le meilleur gagne*, un divertissement animé par Nagui. Il y déploie de l'énergie, tente de montrer le meilleur de lui-même. Il se fait remarquer mais demeure un parmi beaucoup d'autres.

Satisfaction personnelle, succès éphémère.

Comment aller plus loin pour faire de son rêve l'occupation principale de sa vie ? Le défi semble insurmontable, car il y a entre ce monde et lui la distance qui existe entre la Terre et la Lune.

Enfant de la banlieue, il est né aux Lilas, en Seine-Saint-Denis, un territoire à la fois proche et loin de Paris. Son père est médecin, sa mère commerçante. La société des saltimbanques n'est pas la leur. Sa sœur fait des études, ses copains jouent au foot. La solitude totale.

Les mauvais résultats scolaires, le dépit des mondes inaccessibles nourrissent naturellement chez l'adolescent des attitudes compensatoires. Livré à un intense désir d'être regardé, entendu, écouté, il devient un spécialiste de la déconne. Le meilleur parmi les siens. Celui que personne n'égale.

*

Printemps 1992

Cyril Hanouna a 18 ans. Il encadre un groupe de touristes adolescents en visite à Venise pour le compte d'une association de sa ville natale. On rigole, on vanne. Grosse ambiance.

Un participant propose un pari :

« Chiche ! T'es pas capable de pousser quelqu'un à l'eau… »

À peine dit, aussitôt fait. Une touriste qui passait là ressent une secousse. La voilà, hurlante, dans la lagune sale. On la repêche. La police arrive. Elle cherche le coupable. Elle l'arrête.

Cyril Hanouna passe de longues heures au commissariat. Il en sort sans dommage. La victime n'a pas porté plainte. Sans le savoir, elle conforte le jeune homme dans ses intuitions.

★

Dans la vie, seul compte son plaisir. L'assouvir est prioritaire, au détriment des autres si c'est nécessaire ; en disposant de leur corps si c'est indispensable ; et sans se soucier de leur consentement, car ils pourraient le refuser. Ça gâcherait la fête.

Appelons cela : la leçon de Venise[1].

1. Anecdote rapportée par René Chiche dans *Cyril Hanouna, le bouffon qui devint roi*, L'Archipel, 2017.

Première partie

L'animateur

La télé : il en a rêvé.
La télé : il en a fait.

1

Les premiers pas

Octobre 1997

Cyril Hanouna vient de fêter ses 23 ans.

Sa vie n'a pas encore de rails. Les perspectives qui s'offrent n'ont rien de réjouissant. Elles sont même déprimantes.

Pour compléter ses deux années à l'université Paris-Tolbiac – en économie-gestion –, le jeune homme s'inscrit à l'Intec, l'Institut national des techniques économiques et comptables.

Hanouna expert-comptable ? Ensevelir ses émotions sous les chiffres, vouer son existence aux comptes d'exploitation et célébrer les fins d'année en établissant des bilans ? Pour qui connaît un peu le phénomène, c'est du suicide.

Sauf que, le propre du génie, c'est de trouver la lumière là où tout le monde ne voit que les nuages.

Comme dans tous les cursus du genre, les élèves doivent accomplir un stage dans une entreprise à la fin de la première année. La plupart font appel à des connaissances pour résoudre le problème. Cyril Hanouna, lui, choisit l'originalité en envoyant un CV par la poste.

Mais pas n'importe où.

Une chaîne de télévision vient de se créer. Son nom : Comédie !. Moyens ridicules, diffusion modeste. Son créateur est son seul atout. Il s'appelle Dominique Farrugia, une vedette dans le petit monde de l'humour.

Dans les années précédentes, il figurait parmi le quatuor des Nuls – Alain Chabat, Chantal Lauby, Bruno Carette –, troupe mythique de *Nulle part ailleurs*, l'émission culte de Canal+. C'est en capitalisant sur ce passé qu'il fonde cette chaîne. Il l'ouvre à tous les désordres, pourvu qu'ils fassent rire.

L'entreprise est dirigée selon ce principe foutraque. Celui qui entre ici comme chauffeur ou plongeur peut se retrouver accessoiriste dès le lendemain, auteur sous-payé les jours suivants, et pourquoi pas, si la situation l'exige, acteur de sketches souvent débiles et parfois drôles.

Autant dire que dans cet ensemble, le service comptable n'est pas jugé prioritaire.

*

Le CV ayant touché au but, voici Cyril Hanouna convoqué rue Pierre-Demours, dans le XVIIe arrondissement de Paris, là où s'enregistrent les fantaisies.

Personne à Comédie ! n'a gardé le souvenir de Cyril Hanouna le nez plongé dans les comptes. En revanche, sa silhouette s'immisce très tôt sur les plateaux. Il faut un bras pour tenir un projecteur ? Celui de Cyril fera l'affaire. L'étagère est branlante ? Cyril la répare. Et dès qu'il y a besoin d'un figurant, muet, en fond de scène, Cyril se présente.

Sociable, malin, serviable, il copine avec la bande de lascars qui défilent devant les caméras. Des inconnus de l'époque : Jonathan Lambert, Kad Merad, Olivier Baroux, Jean-Paul Rouve, Stéphane Guillon, Raphaël Mezrahi. Marina Foïs. Cette dernière, qui débute ici comme les autres, le choisit comme son assistant préféré.

Peu à peu, il s'installe. Le stage, qui n'a jamais commencé, se transforme en CDI. Après avoir regardé des sketchs, après y avoir participé, Cyril Hanouna finit par en écrire. Enfin, il les incarne.

*

Cette période dure cinq ans. Surnagent deux actions, qui racontent l'homme et dévoilent sa psychologie.

Un jour, en direct, sur un plateau, un assistant pose un chien au poil ras et roux sur la table, devant Cyril Hanouna.

Celui-ci l'immobilise en l'empoignant par les hanches postérieures. Puis il approche sa bouche de l'anus. Indifférent aux réactions des personnes qui l'entourent, il pose les lèvres sur l'orifice, et souffle. Un son s'élève. Un bruit de trompette, avait-il promis[1].

La deuxième scène se déroule en 2002, lors de la dernière de *La Grosse Émission*, le rendez-vous phare de la chaîne Comédie !.

Quand il sort des coulisses, Cyril Hanouna se présente nu sur la scène, baskets aux pieds. Selon un scénario défini à l'avance, il sort dans la rue, suivi par une caméra et un preneur de son. Le tout est filmé en direct. Il salue des passants étonnés, qui ne savent pas qui il est, ni d'où il vient. D'ailleurs, ils s'en moquent. Il réalise quelques incursions dans les magasins alentour où il débite un bla-bla nerveux.

⋆

Des deux pochades, il faut retenir ceci.

La première montre l'individu prêt à tout pour se mettre en valeur. À cette fin, il ne répugne pas à utiliser le corps des vivants, consentants ou non.

Venise n'était pas un accident, mais un banc d'essai.

---

1. La séquence est visible sur Internet. Elle a été diffusée dans le numéro de *Complément d'enquête* consacré à Cyril Hanouna, le 30 novembre 2023, sur France 2.

La seconde témoigne d'une obsession intime : celle d'être vu, remarqué, entendu avec une intensité qui éclipse tous les autres. Aujourd'hui, c'est le nu. Demain, ce seront la colère, les insultes ou les menaces, des moyens qui obéissent au même registre.

2

Yannick et Vincent

Le tennis est un sport. Et un peu plus que cela.

Comment s'appelle ce jeune homme qui se tient de l'autre côté du filet, sur la terre ocre et épaisse du Racing Club de France, propriété du groupe Lagardère, au cœur du bois de Boulogne, où se retrouvent des privilégiés de toute nature ? Yannick !

Et Yannick comment ? Bolloré !

Eh bien, bonjour Yannick Bolloré.

Nous sommes au milieu des années 2000. Yannick et Cyril sympathisent. Puis Yannick présente Cyril à son papa, Vincent, breton et milliardaire.

C'est aussi simple que cela.

*

Vincent Bolloré, né un 1er avril, en 1952, a commencé sa carrière d'industriel dans la papeterie, au début des années 1980. Puis il s'est diversifié dans le transport maritime, où il a considérablement garni sa cassette. Ses contrats les plus rémunérateurs sont localisés en Afrique.

Trois adjectifs définissent le personnage : discret, conservateur, catholique. Rien ne le prédestine à la télévision. C'est pourtant une filiale de son groupe, Bolloré Média, qui candidate en 2001 auprès du CSA (Conseil supérieur de l'audiovisuel) pour obtenir une fréquence sur la TNT (télévision numérique terrestre) naissante.

Ses pairs se gaussent. Que va-t-il faire chez les mirliflores ? Sur le moment, personne ne possède la réponse. Nous apprendrons plus tard que, père attentif, il veut aider son deuxième fils – Yannick –, peu attiré par les affaires industrielles familiales, captivé en revanche par l'univers du cinéma et de la télévision. D'où la candidature, par amour.

Qui dit mieux ?

Contre toute attente, le projet séduit. Voilà donc Bolloré Média titulaire du huitième canal de la TNT. L'autorisation d'émettre stipule qu'il faudra être poli à l'antenne, gentil aussi, ne pas insulter et éviter les *fake news*. Les technocrates appellent cela « le cahier des charges ».

Bolloré Média s'engage, mais entre gens de bonne compagnie, cette paperasse est-elle vraiment nécessaire ?

Durant de longs mois, le groupe peaufine une grille de programmes ordinaire. Pas d'esbroufe, pas de vedettes, pas d'étincelles. Les studios sont installés dans la tour Bolloré, elle-même posée au bord de la Seine, à Puteaux.

Le top départ est donné le 31 mars 2005, à 18 heures. L'indifférence est générale.

Direct 8 vogue désormais sur l'océan des images.

★

Dans les temps qui suivent, Yannick propose à son partenaire de tennis de participer à une émission en tant qu'invité. À défaut de posséder une forte notoriété, Cyril Hanouna s'est fabriqué un petit nom dans les médias, principalement auprès des radios, Rires et Chansons, puis RTL.

Voilà comment, discrètement et par la petite porte, le futur boss de *TPMP* pénètre dans le royaume Bolloré.

Prévenu par son fils et en sa compagnie, le grand patron le cueille à la sortie du studio. Les trois hommes grimpent aux étages, jusqu'au bureau directorial.

Ce soir-là, les contraires trinquent à un futur qu'ils n'imaginent pas. Tout les sépare – l'âge, la condition sociale, le patrimoine, la conception de la vie.

Tout sauf un lien mystérieux qui, à l'instant, les soude.

*

Quelques mois plus tard, Direct 8 propose à Cyril Hanouna d'être chroniqueur dans une émission du dimanche soir. Son titre : *Le Gros Direct*.

Le souvenir de la chose s'est perdu. Elle constitue la première pierre d'une collaboration qui mûrira et apportera, plus tard, ses fruits et ses millions.

3

À la recherche d'une pépite

Lors de la distribution des canaux de la TNT, le service public de l'audiovisuel a postulé pour le quatrième. France 4 est donc née le 31 mars 2005, le même jour que Direct 8.

La chaîne est le produit d'une union entre France Télévisions (89 %) et Arte (11 %). L'intention de départ est schizophrène, comme seul sait l'être le service public : faire du populaire de qualité, de l'élitisme pour le grand public, toucher les jeunes et atteindre les vieux, promouvoir du chic sans oublier de mettre du gras autour.

Jusqu'ici, Bruno Gaston était directeur des variétés et des divertissements sur France 2. Le voilà, à 41 ans, directeur d'antenne et directeur des programmes de France 4. Est-ce une promotion ? Pas sûr. Le budget est étriqué, les audiences promettent d'être confidentielles.

Pour s'en sortir, il faut plus que des idées : des trouvailles.

★

Printemps 2008

« Ce qu'il nous fallait pour lancer la marque, se souvient Bruno Gaston, c'était une pépite. Mais il fallait qu'elle soit bon marché[1]. »

L'un de ses adjoints connaît Cyril Hanouna d'aventures passées. Pourquoi ne pas essayer ?

Bruno Gaston le rencontre :

« Je n'avais jamais croisé quelqu'un avec une envie aussi forte de faire de la télé et du divertissement. Il avait une passion pour le média et pour le genre. Son ambition, c'était de faire de la télévision, et pas autre chose. J'ai trouvé ça très enthousiasmant. »

Première tentative à l'antenne, sous le titre : *Pliés en quatre*. Flop.

Deuxième tentative, autre titre : *La Porte ouverte à toutes les fenêtres*. Bof.

Suite à ces deux échecs, Cyril Hanouna prend les choses en main.

« C'est lui qui est arrivé un matin avec son projet, se souvient Bruno Gaston. Il voulait parler de la télévision à la télévision, avec des chroniqueurs, sur un

1. Entretien avec Bruno Gaston, le 30 avril 2025.

mode chambreur, sans méchancetés. Sur le papier, c'était séduisant. On l'a tenté. »

*

C'est une hebdomadaire. La première a lieu un jeudi soir, un jour de poisson : 1er avril 2010. Le directeur est ravi :

« Ça a marché tout de suite. C'était frais, sympa, piquant mais pas méchant. Et Hanouna, un vrai talent ! Il sentait les jeunes, il savait leur parler. »

TPMP a fait ses premiers pas.

4

Histoire d'un rapt

Cyril Hanouna est un enfant de la diversité.

Adulte, il demeure imprégné par les couleurs de son enfance. Blancs, noirs, jaunes, basanés, il prend tout. Français ou étrangers, musulmans, juifs ou catholiques, il mélange tout.

Rokhaya Diallo, journaliste, militante féministe et antiraciste, le découvre à cette époque :

« Je ne le connaissais pas. Je l'ai vu arriver le jour où nous manifestions, sur les Champs-Élysées, devant la parfumerie Guerlain[1]. »

La parfumerie Guerlain ?

« Vous ne vous souvenez pas de l'affaire Guerlain ? »

*

1. Entretien avec Rokhaya Diallo, le 4 avril 2025.

15 octobre 2010

Jean-Paul Guerlain, 73 ans, vient présenter son dernier parfum, *Samsara*, sur le plateau du 13 heures de France 2. La conversation, menée par la journaliste Élise Lucet, est aimable, badine même. Le parfumeur résume d'une formule la peine qu'il a prise pour accoucher de son bébé :

« Pour une fois, je me suis mis à travailler comme un Nègre… »

La journaliste rit. Il enchaîne :

« Je ne sais pas si les Nègres ont toujours tellement travaillé, mais enfin… »

Élise Lucet dira plus tard qu'on lui a parlé en même temps dans l'oreillette. Du coup, elle n'a pas réagi à la blague, elle ne l'a pas entendue.

À la sortie du studio, Jean-Paul Guerlain est guilleret. De son point de vue, tout s'est bien passé. Il n'a pas compris que désormais, son *Samsara* sent le fumier.

Très vite, et tous les jours, les réseaux sociaux naissants rameutent des manifestants devant le magasin Guerlain des Champs-Élysées, siège du groupe.

Rokhaya Diallo est du nombre :

« Nous étions devant la parfumerie et Cyril Hanouna nous a rejoints spontanément, à titre personnel, sans lien avec ses émissions, parce qu'il était choqué par les paroles de Guerlain, comme nous l'étions nous-mêmes. Nous avons sympathisé. »

À l'époque, la lutte contre le racisme mobilise l'animateur télé. C'est d'ailleurs elle qui lui fournit l'idée du titre de son émission, ce *TPMP* devenu iconique. L'abréviation signifie « Touche pas à mon poste », inspirée du slogan « Touche pas à mon pote », lui-même signature de l'association SOS Racisme.

⋆

Dominique Sopo est le patron de SOS depuis 2003. Cet emprunt ne lui a jamais plu :

« Cyril Hanouna a longtemps dit qu'il avait pris ce titre en accord avec nous, mais ce n'est pas vrai. Il nous a mis devant le fait accompli. Ça nous a froissés sur le moment. Mais on a laissé passer[2]. »

Il le regrette aujourd'hui :

« En octobre 2009, quand Éric Zemmour est arrivé sur CNews, (une des chaînes du groupe Bolloré), j'ai demandé à nos avocats si on pouvait interdire à Cyril Hanouna d'utiliser son sigle. Ils m'ont répondu que l'usage était installé, c'était trop tard. Tant pis. Maintenant, entre nous, on parle de l'émission comme de *Touche pas à mon pote d'extrême droite*. »

⋆

2. Entretien avec Dominique Sopo, 16 mai 2025.

En réalité, Cyril Hanouna a mis très tôt son bébé à l'abri.

Quand il finalise son émission avec Bruno Gaston, au printemps 2010, il obtient la possibilité de la produire lui-même. C'est une procédure classique dans l'audiovisuel. La société qui diffuse, France 4 en l'occurrence, ne s'embarrasse pas de charges supplémentaires. Elle achète un produit clé en main, fourni par celui que l'on appelle le producteur.

Et pour honorer son contrat, Cyril Hanouna crée H2O, une société au capital de laquelle le groupe Bolloré se trouve majoritaire, avec 51 % des parts.

Aussitôt, H2O dépose le concept et la marque auprès de l'Institut national de la propriété industrielle (l'INPI). L'enregistrement officiel de *TPMP* porte la date du 29 avril 2010 – moins d'un mois après le lancement de l'émission –, numéro 3734300.

Ainsi, et depuis le départ, *TPMP* appartient uniquement à son producteur : Cyril Hanouna. C'est ce que découvrira Bruno Gaston en 2012, quand Canal+ débauchera l'animateur.

Faute d'avoir pris ses précautions, le service public se voit dépouillé de la marque qu'il a lancée.

Les années d'économie-gestion de Paris-Tolbiac n'ont pas été inutiles.

5

Des millions dans la poche

Ce qui suit est compliqué. C'est du capitalisme.

Mais à la fin, c'est simple : c'est Cyril Hanouna qui gagne !

Premier mouvement, automne 2011

Direct 8 vivote. Vincent Bolloré en a marre. Canal+, qui ne lui appartient pas encore, est acheteur. Vincent Bolloré vend.

Deuxième mouvement, printemps 2012

Banijay, poids lourd de la production audiovisuelle européenne – *Koh Lanta* et *Secret Story*, entre autres –, s'intéresse à H2O. Le groupe Bolloré vend l'ensemble de sa participation. Cyril Hanouna, lui, cède 92 % de ses parts. Les 8 % restant lui permettent de demeurer le patron de la société, c'est-à-dire le producteur exécutif de *TPMP*.

En clair, il touche des millions, il garde le pouvoir. Le capitalisme est une merveille !

Troisième mouvement, printemps 2012

Au même moment, Canal+ débaptise Direct 8 en D8 et étoffe l'offre de programmes de sa nouvelle chaîne.

Pour cela, elle débauche Cyril Hanouna sur France 4.

Canal+ propose à l'animateur de transformer l'émission hebdomadaire *TPMP* en un rendez-vous quotidien. Pour opérer ce changement, la chaîne lui offre un contrat annuel de 19 millions d'euros.

Quatrième mouvement : printemps 2014

Voilà déjà quelques mois que le groupe Bolloré « ramasse » des actions de Vivendi en Bourse. Devenu officiellement premier actionnaire dans la société au printemps 2014, il installe Vincent Bolloré à la présidence du conseil de surveillance.

Vivendi possède l'agence de publicité Havas et aussi le groupe audiovisuel Canal+. Voilà donc Vincent

Bolloré redevenu propriétaire de D8, la société qu'il a vendue deux ans plus tôt.

Il découvre à ce moment-là que Cyril Hanouna est sur le point de quitter Canal+ pour rejoindre M6. Afin de retenir l'ami de son fils, il met sur la table une offre que l'on ne peut pas refuser : 50 millions d'euros par an, pendant cinq ans, au bénéfice d'H2O.

Le contrat stupéfie la profession.

Il ancre Cyril Hanouna sur D8, qui sera plus tard (septembre 2016) rebaptisée en C8.

*

La pluie de millions est une aubaine pour celui qui se trouve sous l'averse. Elle ouvre des perspectives, elle change une vie.

Cyril Hanouna est riche. Désormais, hormis son bienfaiteur, il ne reconnaît plus ni dieu ni maître, ni chef ni autorité. Il décide de tout, il dispose de tous.

Dans son royaume, Cyril Hanouna est devenu le roi.

Deuxième partie

L'homme

Cyril Hanouna, dans Thé ou café ?, *France 2, le 1er mars 2014 :*

« Comme je le dis à chaque fois, moi je suis un charrieur. Je vanne tout le monde, mais moi, je ne suis jamais méchant. »

6

À poil dans la loge

Dans ce milieu des années 2010, Canal+ vit à l'économie.

Le groupe loge dans le même immeuble de Boulogne-Billancourt les équipes de C8 et celles de i-Télé, la chaîne d'informations du groupe, future CNews.

C'est ainsi que, chaque après-midi, les journalistes côtoient les chroniqueurs de *TPMP*. Leur point de rencontre se situe dans un vaste espace dit « loge HMC » – habillement, coiffure, maquillage – où chacun vient s'apprêter avant le passage à l'antenne.

La cohabitation n'est pas facile.

Les uns incarnent le sérieux. Trop peut-être.

Les autres débordent d'exubérance. Trop sans doute.

Un journaliste raconte les mauvais souvenirs qu'il a conservés des sociétaires de *TPMP* :

« Ils en faisaient des tonnes. Ils riaient fort, ils faisaient des blagues sans arrêt, c'était souvent misogyne, lourd. Ils jouaient aux saltimbanques. Ils voulaient nous faire passer pour des chieurs. »

Parmi les insupportables évoqués dans les témoignages, l'un d'eux, *TPMP* canal historique, décroche la palme. Sa blague favorite consiste à sortir d'une cabine d'essayage en tee-shirt, sans rien d'autre sur la peau. Les fesses à l'air, le reste aussi. Ainsi vêtu, il se promène, goguenard, va voir les uns et les autres avant de retourner se cacher.

Une fois, ça râle, deux fois, ça hurle, trois fois, ça ne sert à rien.

« Un jour, exaspérée, raconte une salariée, j'ai été trouver Franck Appietto, le patron de C8. Je lui ai dit qu'il fallait que ça cesse. »

Sa réponse ?

« Laisse tomber. Souris à la vie. »

7

Le plateau des malheurs

Chaque jour, Cyril Hanouna désigne parmi les chroniqueurs ceux qui l'accompagneront durant l'émission.

Là est son pouvoir, légitime, incontesté.

TPMP, c'est lui.

Il l'a imaginé, créé. Sans lui, qui dispense la lumière et l'argent, rien n'existerait.

Le pouvoir n'est pas le problème. Son exercice, oui.

Plusieurs chroniqueurs rapportent des scènes similaires.

Le matin tôt, 8 heures à peine passées, Cyril Hanouna appelle celui ou celle qui l'a accompagné la veille :

« T'étais à chier hier soir, je n'ai pas aimé. »

Une interruption. Personne ne parle. Il reprend :

« On cherche à me joindre. Je te rappelle. »

Il raccroche. Il ne rappelle pas.

« Souvent, raconte l'un de ses chroniqueurs, il fallait patienter jusqu'à 15 heures pour savoir si on serait là le soir ou pas. On ne pouvait rien prévoir. Il fallait toujours être disponible. »

Ceci n'a guère changé ensuite.

★

Quand le système s'organise de la sorte, la dépendance est permanente. On ne peut ni déplaire au chef, ni le contrarier. À un moment, il faut abdiquer, refouler ce que l'on pense, concéder, s'abaisser.

Dans les discussions réalisées pour ce livre, les mêmes expressions reviennent, comme un refrain :

« Relations malsaines. »

« Esclavage. »

« Masochisme. »

Quand il sent qu'il va trop loin, quand il comprend que les blessures narcissiques font trop mal, Cyril Hanouna trouve des mots qui apaisent.

Cet élastique sentimental brouille les esprits. Il crée une dépendance. Il installe une emprise.

« Cyril s'entoure de gens cabossés et fragiles, m'a écrit une personne qui a longtemps fréquenté son plateau. Il a un instinct aiguisé pour cela. Il utilise nos fragilités pour nous enfermer dedans à tout jamais. Et nous savoir totalement emprisonnés par son pouvoir, constater qu'il tire les ficelles de nos propres peurs et névroses, ça le divertit très sincèrement. Tout cela me prend trop de place dans le cerveau. Ce fut pour nous, vous l'aurez compris, de sombres heures. » Pour autant, rien d'illégal.

*

Ici, personne n'est nommément cité.

Les personnes rencontrées, ou qui ont accepté de me parler, ont toutes requis l'anonymat. Elles l'ont réclamé pour s'épargner les foudres de l'homme qui a le pouvoir, et qu'elles redoutent.

Le résultat est paradoxal. En agissant ainsi, elles le protègent, lui, ses manières, son système.

Ainsi, le monde demeure clos, ce qui préserve sa cohérence. Il n'y a pas d'échappatoire, c'est pour cela qu'il dure.

*

Au fil des entrevues, des constantes sont apparues. Elles concernent deux personnalités de l'émission.

Gilles Verdez est un pilier de la bande.

Il a rejoint *TPMP* en 2013, à 49 ans. Journaliste spécialisé dans le sport, le football surtout, il aime intervenir sur tous les sujets, notamment la politique pour laquelle il a toujours manifesté de l'intérêt.

Soutien déclaré du mélenchonisme jusqu'au bulletin de vote, il a porté tout au long des années de *TPMP* la voix de la gauche radicale. À ce titre, il a été la victime répétée de différentes formes d'abaissement. Il les a encaissées sans broncher.

Du moins publiquement.

Plusieurs personnes qui l'ont croisé, sur le plateau et dans la coulisse, assurent l'avoir vu souvent le cœur lourd, confessant, quand des limites avaient été dépassées, qu'il venait au travail la « boule au ventre ».

« Je l'ai vu pleurer » : j'ai recueilli cette phrase à deux reprises.

Valérie Bénaïm est une autre figure de l'émission. Elle prend rang parmi les pionnières puisqu'elle rejoint Cyril Hanouna dès l'automne 2012.

Elle a alors 43 ans.

Elle a connu le succès dans les années qui ont précédé en présentant des émissions de divertissement sur TF1 et France 3. Les producteurs lui promettaient un bel avenir. Puis, le chemin qui semblait rectiligne est devenu tortueux. Elle a moins travaillé. Elle n'a plus travaillé. Cyril Hanouna, qu'elle connaissait d'une vie professionnelle antérieure, lui a tendu la main. Elle lui a toujours exprimé publiquement sa reconnaissance.

La concernant aussi, les récits portés par ceux qui la côtoient dépeignent une réalité triste.

« Parfois, pendant les émissions, elle est ailleurs, pas concernée, détachée », rapporte un chroniqueur.

Il y a quelques années, elle a tenté de quitter la bande. Une offre faite par M6 constituait une porte de sortie. L'affaire ne s'est pas faite. Cyril Hanouna l'a tancée d'imaginer le quitter. Ce qui a ajouté à son désarroi.

*

Dominant au milieu de son monde, débarrassé du poids des hiérarchies, porté par l'ivresse d'un narcissisme intense, l'animateur va développer des traits de caractère que, normalement, les animateurs de télé tentent de cacher sous des tonnes de sourire et de gentillesse affectée.

Pas lui. Il a tout montré.

C'est son originalité. Personne avant lui dans ce métier ne l'avait fait.

C'est probablement aussi son unicité. Il faudra du temps pour que quelqu'un tente de s'en inspirer.

8

Humiliant (1)

L'humiliation, c'est le dictionnaire qui en parle le mieux :

« Acte qui blesse l'amour-propre », et qui procure à celui qui en est victime « le sentiment d'être atteint dans sa fierté, sa dignité ».

On peut juger la douleur proportionnelle à l'audience. Être rabroué dans l'intimité, c'est dur. Être rabroué devant deux millions de téléspectateurs, c'est dur à supporter.

★

Dans *TPMP*, Cyril Hanouna s'impose comme le régulateur de la parole. Il la donne, il la reprend.

« Tais-toi, Gilles ! Tu es complètement à côté de la plaque. »

« Tu n'y connais rien, Raymond, ferme ta gueule ! »

« Géraldine, vous êtes encore hors sujet ! Vous êtes pénible, vous fatiguez tout le monde ! »

Oui, il vouvoie Géraldine Maillet.

Cyril Hanouna paye ses chroniqueurs. On en sait quelque chose :

« Sans mon salaire, tu serais à la rue ! »

« Je sais combien tu gagnes ! »

« Ne parle pas des pauvres ! Avec ce que je te donne, tu ne sais pas comment ils vivent. »

Parfois, une résistance surgit.

*

6 mars 2025

Le politologue Thomas Guénolé a rejoint l'équipe de *TPMP* en septembre 2024. Verbeux, intello, gauchiste. Il agace le patron.

Ce soir, Thomas Guénolé revient sur une polémique qu'il a lui-même créée la veille, en déclarant que les églises étaient des lieux où se rendaient des gens qui voulaient retrouver leur « ami imaginaire ».

Cet athéisme décontracté a déchaîné les « fanzouzes », ces inconditionnels du patron qui agissent en meute sur les réseaux sociaux. Le chroniqueur a commencé à leur répondre, mais Cyril Hanouna ne le supporte pas :

« Ça suffit ! La ferme !

T. G. : Non, pas la ferme !

C. H. : La ferme !

T. G. : La ferme ! Vous êtes sûr ?

C. H. : Oui ! »

Le chroniqueur se lève, se dirige vers la sortie. Quand il passe à proximité de l'animateur, celui-ci semble surpris. Il l'interroge :

« Qu'est-ce que tu fais là ?

— La ferme, ce n'est pas possible. Il y a des jeunes qui nous regardent. Vous ne me parlez pas comme ça. »

Cyril Hanouna, visiblement ébranlé, la voix faible :

« Quand je dis stop, c'est stop ! »

Et d'un coup, la baudruche Guénolé se vide :

« Ah stop, d'accord, là OK ! »

Il retourne s'asseoir. Incompréhension générale. Autour de la table, une voix lâche :

« C'est le KO le plus rapide de l'histoire. »

Toutefois, avant de retrouver son siège, Thomas Guénolé tente une mise au point :

« Ne me dites pas : "La ferme !" devant tout le monde. Il y a des gens qui regardent. Moi, je fais des efforts pour rester poli quand vous m'envoyez chier comme une merde. Ne me dites pas de la fermer. »

Il est ridicule. Son honneur bafoué fait rire. Il devrait partir. Il reste.

★

Mais sur un point, il a raison.

Des gens regardent. Des jeunes regardent. La télévision est un espace public qui légitime les attitudes. Ce qui est montré là, la violence verbale, la domination psychologique, l'invective, paraît usuel, normal et donc reproductible, au collège, au lycée, parmi les bandes de copains, ailleurs, dans les relations sociales en général.

Cette mise en scène viriliste contredit tous les messages éducatifs : la tolérance, l'écoute, le dialogue.

Elle encourage au contraire ce que les pouvoirs publics assurent redouter : l'« ensauvagement de la société », l'émergence de « caïds » qui font régner une forme de terreur autour d'eux.

★

Comment l'empire Bolloré, ses médias – *JDD*, CNews, Europe 1, éditions Fayard, etc. – et ses vedettes – Pascal Praud, Laurence Ferrari, Sonia Mabrouk, Christine Kelly, Philippe de Villiers – ont-ils pu s'accommoder aussi longtemps de ce voisin aux antipodes de leurs prêches ?

La réponse doit être formulée : par le silence, en n'en parlant jamais, autruches vivant la tête enfouie dans le sol pour ne pas voir le désordre dans l'empire.

9

Humiliant (2)

21 mars 2025

C8 vient de perdre son canal de diffusion. Le courant a été coupé fin février 2025, sur décision de l'Arcom (Autorité de régulation de la communication audiovisuelle et numérique). Mais *TPMP* continue pour quelques numéros encore. L'émission est désormais visible en streaming *via* YouTube, Dailymotion et certaines box Internet.

Le détail a son importance.

La surveillance administrative a disparu. Cyril Hanouna se sent plus libre, comptable seulement devant la loi, ce qui allège son fardeau, car les actions en justice demeurent difficiles à mettre en route.

Tout est donc réuni pour repousser encore les limites des inhibitions admises sur les plateaux de télévision.

*

L'émission de ce 21 mars 2025 est l'une des dernières de *TPMP*, le format cessant définitivement cinq jours plus tard, le 26 mars.

Ce soir, Jordan Guisnel a pris place autour de la table.

Il a 35 ans, c'est un garçon brun, longiligne, du genre sarcastique, avec toujours un nœud papillon qui le caractérise. Il est connu sous son nom de scène, Jordan de Luxe, qui était aussi le titre d'une émission hebdomadaire qu'il animait sur feu C8.

Le voici dans le collimateur de l'animateur :

« Amenez la chaise ! Jordan, viens ici. »

La scène était programmée puisqu'un banc-titre s'affiche en bas de l'écran :

« Cyril, coiffeur-visagiste. La nouvelle coupe de Jordan de Luxe. »

L'invité renâcle : « Non, non. »

Joue-t-il la comédie ? Peut-être. Mais le consentement est formellement refusé.

« Viens, viens, intime, agacé, le coiffeur improvisé. Où est la tondeuse ? Et la chaise ? »

Jordan de Luxe : « Oh, non ? Je peux dire, non ? »

Apparemment, non.

« Je vais désépaissir, très léger. »

Le bandeau vient de changer : « Cyril Hanoun'hair ».

L'animateur passe un peigne dans les cheveux de Jordan de Luxe, les coiffe en arrière, se moque :

« On dirait Gargamel. »

Le peigne toujours dans une main, il enlève des cheveux avec un ciseau. Il le fait n'importe comment, ces gestes dévoilent son incompétence.

Valérie Benaïm l'encourage. Elle calme aussi les récriminations de Jordan de Luxe qui s'inquiète du résultat.

Un intermède, organisé, survient.

C'est un téléphone qui sonne. Cyril Hanouna délaisse son patient, devenu une poupée entre ses mains, et décroche :

« Allô ? Bonjour, La Boîte à mèches, Jean-Nordine à l'appareil. Que puis-je à votre service ? »

Le ton est efféminé, les manières aussi. Le cliché du garçon coiffeur homosexuel.

Le plateau rit.

Un homme cherche sa femme. Elle lui a dit qu'elle serait chez son coiffeur. Eh non, monsieur, elle n'est pas là.

2025 : la vanne de la femme infidèle et du mari cocu.

Retour à Jordan :

« Où est la tondeuse ? »

Toujours du côté droit, il enlève une touffe avec son instrument. On voit le crâne. La caméra zoome sur l'image. Pour montrer quoi ? L'avanie.

« Ce n'est rien, mon chéri. »

Une chroniqueuse, Pascale de La Tour du Pin, se lève, s'approche. Elle sourit. Elle s'amuse.

Deux ans auparavant, elle était une journaliste respectée des chaînes infos. Elle a raconté à l'un de ses collègues les conditions dans lesquelles Cyril Hanouna l'a embauchée :

« Un avion privé m'a prise en charge à Paris et une Lamborghini est venue me chercher à l'aéroport de Nice. »

Éblouie par les étoiles, convaincue par le salaire dont le montant a justifié la validation par la maison mère, Banijay, elle a accepté de rejoindre *TPMP*.

Finalement, Jordan et sa tonsure sont libérés.

*

Discuter de l'humour ou du bon goût des sketchs est inutile. Les permanences sont intéressantes : Cyril Hanouna mène le jeu et se place au centre. Et comme quand il avait 18 ans, comme quand il en avait 30, il continue, à 51 ans, à disposer des autres, de leur corps, de leurs attributs pour sa mise en valeur et la satisfaction de son plaisir.

10

Le pipi, le caca

Au début des années 2000, Cyril Hanouna anime le *Morning Live* de M6 en compagnie d'une jeune femme, Ariane Brodier.

Un sujet est présenté, un matin, à l'antenne, sur l'urinothérapie, en vogue, est-il précisé, en Corée du Sud.

De retour sur le plateau, Cyril Hanouna tient un verre à la main. Un liquide jaune se trouve à l'intérieur :

« Le pipi d'Ariane », dit-il.

La jeune femme grimace.

« Je vais le boire. »

Il le boit.

⋆

En mars 2016, le magazine *Society* livre à ses lecteurs une longue enquête consacrée aux coulisses de *TPMP*.

On lit notamment ces lignes :

« En bon manager, Cyril Hanouna n'est jamais avare d'une bonne blague pour détendre l'atmosphère. Il est ainsi capable de déféquer dans les pompes d'un chroniqueur[1], d'uriner dans la poubelle d'une productrice, ou dans le verre d'un rédacteur en chef, attendant que ce dernier y trempe les lèvres pour le prévenir. »

*

Entre les deux moments, quinze ans ont passé.

Au premier, Cyril Hanouna accepte de s'humilier pour se faire connaître.

Au second, il recourt à des méthodes très personnelles pour imposer son autorité à ceux qui la contestent.

1. Bertrand Chameroy.

11

L'humiliation : une philosophie

Olivier Abel est philosophe. Il enseigne la philosophie et l'éthique à la faculté de théologie protestante de Montpellier.

Ses réflexions l'ont amené à publier un livre en 2022, intitulé : *L'Humiliation. Le nouveau poison de la société*[1].

Je l'ai contacté. Je lui ai parlé de Cyril Hanouna. Il ne le connaissait pas :

« Je ne regarde pas la télévision. »

Lors d'une seconde conversation, il m'a confié ceci :

« J'ai regardé la fiche Wikipédia de Cyril Hanouna. Elle est trois fois plus longue que celle de Paul Ricœur. »

Paul Ricœur (1913-2005) est un philosophe dit de « la compréhension, de l'interprétation et de l'éthique ». Il a réfléchi au sens de l'existence humaine

1. Olivier Abel, *De l'humiliation*, Les Liens qui libèrent, 2023.

à travers l'étude du langage, de la mémoire, de la justice et de la responsabilité.

Olivier Abel a croisé son chemin au début de ses études, à la fin des années 1970. Il présente une maîtrise sous sa direction, consacrée à « La Fonction imaginaire de la parole ». Suit un DEA sous l'autorité conjointe de Paul Ricœur et d'Emmanuel Levinas sur « La Passivité selon Husserl ». Enfin, une thèse de doctorat de philosophie, supervisée par le seul Paul Ricœur, où il est question du « Statut phénoménologique de la rêverie chez Gaston Bachelard ».

Ce cursus explique sa surprise de constater que l'activité d'un maître de la télévision occupe plus d'espace que les travaux d'un maître de la philosophie.

⋆

J'ai soumis à Olivier Abel plusieurs séquences de *TPMP*, et notamment ce moment où Cyril Hanouna coupe les cheveux de Jordan de Luxe, et aussi ce : « La ferme ! » adressé à Thomas Guénolé.

« J'ai à peu près tout regardé, m'a-t-il informé ensuite par SMS, avec difficulté, je dois dire. C'est très pénible et écœurant à voir. J'ai du mal à croire que l'on en soit là. Mais certainement, je dois prendre ma part de responsabilité. Un citoyen doit mieux s'informer de la réalité du monde où il se trouve. »

⋆

Nous avons eu plus tard une conversation téléphonique. À l'issue de celle-ci, Olivier Abel m'a fait parvenir ce texte :

La surprise est d'abord le succès de ce genre d'émission, ou plutôt de spectacle. Le nombre des spectateurs dévoile une part vile et veule, une véritable bassesse, mais qui affecte notre humanité commune. Or justement il ne peut pas s'agir simplement de juger, d'un point de vue moral, quelque horreur que l'on puisse avoir de ces monstres, de ces trolls en train de grossir par le phénomène des réseaux sociaux et du cortège des suiveurs – je dis horreur, mais c'est surtout très pitoyable. Il s'agit moins ici de juger que de chercher à comprendre ce qui nous arrive.

Avant tout, ce qui monte à travers ces « spectacles », c'est le sentiment d'une sorte de barbarie. Et ce qui s'effondre en face, c'est le politique, au sens fort du terme. C'est bien notre alternative : « politique ou barbarie ». J'appelle « barbarie apolitique » (c'est d'ailleurs un pléonasme) la manipulation des émotions du ressentiment, de la peur, de la jalousie, pour rassembler une majorité d'opinions dociles, qui se plient d'elles-mêmes à l'humiliation, à la vulgarité. Cette manipulation se fait en direct, elle est destinée à étouffer tout différé, toute nuance, et même tout désaccord, toute pluralité réelle.

On est tout de suite frappé, dans le discours de M. Cyril Hanouna, par la fréquence de la référence à une sorte de peuple un et indivis, remis à la masse, ou plutôt pris en foule comme un seul homme : « Les Français disent que », « Vous fatiguez les Français », « Les Français en ont marre », « Ils sont intelligents », « Les électeurs, ils font ce qu'ils veulent ». Il y a une incessante flatterie de l'audimat, qui fonctionne comme ordalie, jugement de Dieu. *Vox populi vox Dei*, disait déjà Machiavel : la légitimation qui venait de Dieu vient maintenant du Peuple, qui en a pris la place tout en reprenant le même schème théologico-politique, d'autant plus indiscuté. La démocratie n'est plus ici que le bon caprice d'une majorité flattée dans sa vulgarité. Et Hanouna est le ventriloque de ce nouveau Dieu, il le fait parler. Et cela, au service de commanditaires.

Ensuite, il faut considérer comment la mise en scène de l'humiliation est centrale. C'est la mise en scène d'une lâcheté générale, comme dans la séance de coiffure. Un individu est mis dans une situation de soumission, on lui intime de se déplacer, de s'asseoir au milieu de tout le monde, pour subir une action qu'apparemment, il voudrait refuser, mais à laquelle finalement il consent. Et les autres regardent en riant à qui mieux mieux. Pourquoi ? On a longtemps pensé l'humiliation verticale, celle du maître à l'esclave, et face à cela on a pensé l'émancipation. Mais le discours de l'émancipation ne peut rien contre l'humiliation horizontale ici mise en scène, où il s'agit d'être *in*, et de ne pas se laisser éjecter, mettre *out*, exclure du « jeu ».

La mise en scène de l'émission est comme une centrifugeuse, il faut s'accrocher pour rester dedans, et tout accepter. Ainsi le cercle des humiliés ne va cesser de s'agrandir, car à leur tour ils deviennent humiliants, dans un ruissellement des humiliations... Tous sont touchés par ce qui se passe, tous ceux qui se trouvent sur ce plateau peuvent subir le même genre d'injonction, et nul n'est à l'abri. L'humilié ne peut pas sortir du jeu. Il doit subir. Et le maître du jeu montre l'individu quand il ne voudrait pas se montrer et ne voudrait au fond que se retirer dans un trou de souris. Mais l'humiliation joue aussi sur le tableau inverse : là où le sujet parlant voudrait se montrer, montrer ce qu'il a à dire, on l'accable sous les sarcasmes, on le ridiculise, on le fait taire, on le ghoste, on l'éjecte, mieux : on l'amène à lâcher prise et s'auto-éjecter.

L'usage du rire est particulièrement important. De quoi, de qui, pourquoi et comment rions-nous ? Parfois, comme le vent tourne, le rire change de camp, et cela a l'air comique, mais le rire peut annoncer des lynchages, des pogroms, des nuits de la Saint-Barthélemy. Et cela n'a rien de drôle, il n'y a plus aucun humour dans cet usage du rire : dans l'humour on rit de soi-même, on rit avec. Alors que dans la terrifiante forme du comique dont il s'agit ici il s'agit de rire des autres – et pour que nul ne puisse rire de nous, il faut vite nous ranger parmi ceux qui rient des autres. Mais d'où vient cette dérision générale ? Elle vient précisément d'une parole déjà humiliée. Hanouna et ses comparses sont atteints par une sorte de maladie du langage commun, où les mots perdent toute valeur, où les renommées peuvent être traînées dans la boue et calomniée, car tout est subjectif, rien n'est important, et « je rigole ».

Comprenons : que fait l'humiliation ? Elle fait rougir de honte ou pâlir de rage, ou les deux, elle s'en prend au visage, car le spectacle ici est celui des visages en cercle qui essayent de parler. Mais précisément, l'humiliation fait taire. « Tais-toi », « Tu nous fatigues », « La ferme ! ». Elle disqualifie le sujet parlant. Elle le réduit à un corps ridicule, dont les paroles sont aussitôt recouvertes par d'autres, et retournent à la dérision. Il ne reste que le sarcasme. La parole humiliée devient dérisoire, et cynique. Elle devient à son tour indécente. Et nous voici captifs de l'indécence. C'est bien le premier pas vers la barbarie, et c'est le premier pas qui compte.

12

Insultes publiques (1)

10 novembre 2022

De toutes les scènes scandaleuses, celle-ci est de loin celle qui a le plus saisi l'opinion publique.

Elle est aussi la plus coûteuse pour le groupe Canal+, l'amende de l'Arcom culminant à 3,5 millions d'euros.

Voici les faits.

Le député de La France insoumise, Louis Boyard, est l'invité de *TPMP*.

L'homme est jeune, 22 ans à peine. Il en avait 18 quand il a rencontré Cyril Hanouna, à l'occasion du mouvement des Gilets jaunes. Lui-même manifestait depuis son lycée, dans le Val-de-Marne. Séduit par l'allant et la gouaille du contestataire, l'animateur lui propose une place de chroniqueur.

Candidat lors des élections législatives de juin 2022, Louis Boyard décroche un siège de député dans son département. La notoriété télévisuelle a probablement facilité son élection. Le soir de sa présence est aussi celui de son retour sur le plateau.

Les motifs de l'invitation sont humanitaires. Un navire, l'*Ocean Viking*, a recueilli des migrants en Méditerranée. Aucun pays riverain n'en veut. Le député n'est pas un spécialiste de la question, mais il connaît la maison.

Ça compense.

La discussion est assez générale. Qui peut être tenu pour responsable du drame ?

Le député fait de la politique. C'est son métier. Donc, il cherche du côté de l'exploitation capitaliste. Dans le raisonnement qu'il propose, il met en cause Vincent Bolloré pour ses activités passées en Afrique, puis tout de suite après, Patrick Pouyanné, PDG de Total, pour les mêmes raisons.

Cyril Hanouna a un temps de retard au démarrage.

Quelques secondes se sont passées avant qu'il ne stoppe le député. L'oreillette lui a-t-elle demandé un arrêt technique ?

En tout cas, il vérifie : « C'est bien le propriétaire de C8 que tu as cité ? »

Le député, bravache, confirme. Il l'a dit, il le maintient.

C'est alors que démarre le festival Hanouna.

Il est question de la « main qui t'a nourri… ». Puis ceci :

« Qu'est-ce que tu fous là ? Tu sais que tu es chez Bolloré ? »

Et enfin, parce que les arguments sont inutiles face à celui qui a attaqué le grand chef, viennent les insultes :

« Tocard. »

« Abruti. »

« Bouffon. »

Jusqu'au superbe :

« Toi, t'es une merde. »

Coût total de l'amende infligée par l'Arcom : 3,5 millions.

Record de la télévision française.

*

L'insulte et le dénigrement sont des pratiques ordinaires et banales chez Cyril Hanouna.

Pendant plus de dix ans, avec la complicité tacite de la direction de sa chaîne et du groupe auquel elle appartient, il s'en est pris à quiconque le critiquait ou s'opposait à lui. Des responsables politiques, des animateurs, des journalistes, animateurs composent une longue liste de personnes injuriées.

L'immense majorité n'a pas réagi.

Le plus souvent pour ne pas alimenter un affrontement perdu d'avance sur le terrain de la vulgarité.

Parfois, au motif officiel du mépris. « Je l'ai toujours ignoré », explique l'animateur Nagui.

Une attitude qui ne protège pas des blessures.

⋆

D'autres, enfin, par peur, car c'est incroyable de devoir écrire cela en France, à la fin du premier quart du XXIe siècle, d'une personnalité publique connue et reconnue :

Cyril Hanouna fait peur.

Peut-être même peut-on dire qu'il effraie.

Sur quoi repose ce sentiment ?

D'abord sur des menaces qu'il formule sans prudence, par écrit, dans des messages que les gens reçoivent sur leurs portables et qu'ils montrent ensuite à leurs interlocuteurs avec une moue consternée.

⋆

François Rousseaux, journaliste, a mené une enquête sur l'animateur. Son journal, *Télérama*, l'a publiée le 28 novembre 2023. Deux messages figurent dans le récit.

Celui-ci, adressé à un communicant d'une société de production :

« Je vais te casser les deux jambes, plus jamais tu pourras aller sur un plateau télé. »

Et celui-ci, destiné à un journaliste :

« Si tu continues, je t'envoie quelqu'un en bas de chez toi, il va te faire faire le tour du quartier dans le coffre. »

Ces propos ont été authentifiés.

Journaliste scrupuleux, François Rousseaux les a soumis avant parution à leur auteur, avec d'autres citations figurant dans le papier. Ils n'ont fait l'objet d'aucune remarque, ni de demandes de retrait. Une validation qui montre le sentiment d'impunité dans lequel l'ont installé ses supérieurs et ses employeurs. Ils connaissent ses dérives. Ils les cautionnent depuis des années.

Beaucoup d'autres personnes rencontrées lors de mon travail ont évoqué des messages semblables, certaines m'en ont montré. Le « coffre » et les « jambes » font partie des classiques.

★

Les menaces sont aussi verbales.

Le 18 mars 2025, le site Mediapart rend public par écrit un dialogue datant de plusieurs mois entre

Cyril Hanouna et l'un de ses chroniqueurs, Matthieu Delormeau.

La scène se passe durant une coupure publicitaire. Le premier reproche au second son manque d'allant pendant l'émission : il ne rit pas suffisamment à ses blagues, il n'intervient pas assez dans la discussion.

Pour sa défense, le chroniqueur évoque l'état de santé de deux personnes de son entourage. Il n'a pas le cœur, explique-t-il, à se livrer comme il le fait d'habitude.

Réponse de Cyril Hanouna :

« Arrête ! Arrête ! Arrête ! Je te le dis. Là t'as fait une grosse erreur, je te le dis. On a la même embrouille dans la rue, je te mets en sang. T'aurais pas été mon ami, sur la tête de ma mère, on est dans la rue, je te mets en sang. »

La société H2O, productrice de *TPMP*, dément la véracité des propos par l'intermédiaire de son avocat. Le site Mediapart rend alors public un enregistrement qui les confirme, et qui renvoie ses interlocuteurs à leurs mensonges.

Toutes ces attitudes nourrissent un halo de crainte autour du personnage. Il le sait. Il en joue, comme le ferait un enfant enfermé dans les jeux de son âge.

*

Les menaces et les insultes, les dénigrements, saisissent les personnalités de manière différentes. Certaines possèdent du cuir sur la peau, il les protège.

D'autres, plus vulnérables, souffrent de ce qu'il faut appeler par son nom : de maltraitance.

13

Insultes publiques (2)

Claire Sécail est chercheuse au CNRS.

Avec d'autres scientifiques, elle a mené un travail d'observation des médias durant l'élection présidentielle d'avril-mai 2022. Dans la répartition des tâches, elle a hérité de *TPMP*. Son étude a été synthétisée dans deux notes. La première concerne une période allant de septembre à décembre 2021 ; la seconde, de janvier à avril 2022.

Quand elles ont été publiées – janvier 2022 pour l'une, automne 2022 pour l'autre –, elles ont chiffré, documenté et rendu irréfutable une vérité de polichinelle.

À force d'accueillir Éric Zemmour, de faire des mines à Jordan Bardella et de présenter Éric Ciotti comme un messie, le bateau *TPMP* a beaucoup gîté vers l'extrême de la droite.

Cyril Hanouna n'a pas aimé ces études. Il a donc dit tout le mal qu'il pensait non pas des chiffres qu'elles contenaient, mais de celle qui les avait rédigées. Le dénigrement personnel plutôt que la réfutation des affirmations : un grand classique du populisme.

*

Un soir de novembre 2022, le visage de l'universitaire s'affiche en gros plan derrière l'animateur. Commence alors l'opération de médisance, habituelle en ces lieux, banale même, mais dont Claire Sécail a gardé un mauvais souvenir :

« Il a dit que tout le monde se moquait de moi au CNRS. Il a ajouté que je n'avais plus aucun crédit au sein de l'organisme. Ça m'a sidérée d'entendre ça[1]. »

Cyril Hanouna tire toujours sur la même corde. Même s'il ne connaît rien au milieu professionnel de la personne à laquelle il s'en prend, il explique qu'elle en est la risée, que plus personne ne veut travailler avec elle. Il n'en sait rien. Mais il l'affirme.

La violence de l'attaque a suscité un profond malaise chez Claire Sécail :

« Quand je l'ai entendu dire que j'étais la honte du CNRS, exactement la honte, je me suis sentie très angoissée. Chacun réagit avec son passé,

1. Entretien avec Claire Sécail, 12 avril 2025.

ses expériences. Cette affirmation m'a insécurisée. D'autant que ces propos ont déclenché une vague d'attaques sur les réseaux, qui a duré assez longtemps. Pour surmonter ces difficultés, j'ai demandé une protection fonctionnelle à l'organisme. »

En clair, un soutien psychologique, avec aussi la possibilité d'obtenir un soutien juridique.

*

L'impact de la télévision est immense.

Peut-on l'utiliser sans risques d'une manière aussi violente ?

Peut-on dévaloriser radicalement des individus sans engager sa propre responsabilité, et celle de ceux qui participent à cette action à des titres divers ?

14

Insultes privées

L'insulte comme mode de vie.

Dans l'intimité, Cyril Hanouna se comporte comme sur la scène publique.

Qu'un différend survienne, une contrariété, une déception, souvent des mots orduriers viennent à son esprit, aussitôt lancés comme des balles sur leurs cibles. Aucun frein, aucune retenue ne semble tempérer ce réflexe primaire.

*

23 novembre 2014

Christopher Baldelli, directeur général de RTL, est un dirigeant heureux.

Au mois de septembre précédent, il a écarté Philippe Bouvard de la présentation de l'émission mythique de la station de radio : *Les Grosses Têtes*. Un tremblement de terre : Bouvard l'avait créée en 1977. Pour le remplacer, le patron de RTL a pioché dans le vivier de la concurrence en débauchant Laurent Ruquier sur Europe 1. Et c'est le moment où Cyril Hanouna entre dans la danse puisque lui-même supplée le partant sur cette dernière station en animant l'émission *Les Pieds dans le plat*, programmée entre 16 heures et 18 h 30, pile en face des *Grosses Têtes*.

Mi-novembre, l'heure du verdict.

L'institut Mediamétrie a mesuré les audiences radiophoniques des mois de septembre et d'octobre. RTL triomphe l'après-midi. D'où le bonheur de Christopher Baldelli dans *Le Figaro TV* du 23 novembre :

> Nous avons réussi notre pari à 100 %. Certains ont dit que c'était un pari audacieux et risqué. Pour moi, c'était un calcul. J'avais la conviction que la seule personne qui pouvait reprendre *Les Grosses Têtes* était Laurent Ruquier [...]. Il n'y a plus de match avec Europe 1 ! Laurent Ruquier est premier et Cyril Hanouna est quatrième. Le rapport d'audience entre Ruquier et Hanouna est du simple au double. Aujourd'hui, le vrai match, c'est entre Europe 1 et RMC, qui est tout près.

Le constat est indiscutable.

Mais le perdant n'est pas *fair-play*.

Ce matin-là, Cyril Hanouna arrive dans les locaux d'Europe 1 vers 10 heures. Une dizaine de personnes l'attendent : techniciens, assistants, chroniqueurs. Autant de témoins de la scène qui suit[1].

Visage noir.

« Vous avez vu Baldelli ? »

Oui.

« C'est un con. Je l'appelle. »

Il pose son portable sur le bureau, met le haut-parleur. Le combat doit être public.

Une sonnerie suffit.

« Salut Baba ! Comment tu vas mon chéri ? »

Baba, pour Baldelli, de la part d'Hanouna que tout le monde appelle Baba – appellation affectueuse issue de la culture tunisienne d'où est issue sa famille –, c'est canaille et déstabilisant. Quant au « chéri », tout le monde y a droit, même si cela peut paraître irrévérencieux à l'égard du patron d'une grande radio.

« Bonjour Cyril, je sais… »

Sans doute, Christopher Baldelli a-t-il voulu dire : « Je sais pourquoi tu m'appelles… » Il n'en a pas le temps.

« Comment tu parles de moi !!! Tu as dit de la merde dans *Le Figaro*.

— Mais Cyril, c'est le journaliste qui…

— Ne me prends pas pour un con… Je suis quatrième, tu as vu ça où ? Je suis fâché, Baba… »

Christopher Baldelli pourrait se rebeller, objecter que les chiffres sont les chiffres. Il n'ose ni l'une ni

1. Récit reconstitué à partir de plusieurs témoignages de personnes présentes.

l'autre des attitudes. Comme tant de gens suffoqués par la violence de l'animateur, il choisit la fuite.

« Je n'ai pas dit ça, c'est le journaliste…

— Ne me raconte pas de conneries. Personne ne se fout de ma gueule comme ça, je te le dis. Tu pourrais le payer cher, mon chéri. Fais gaffe à toi. Je t'embrasse. »

Il raccroche. Silence.

Lentement, Cyril Hanouna redresse son corps. Il regarde les gens qui lui font face. D'un coup, il part d'un immense éclat de rire.

« Vous avez vu ce que je lui ai mis à cet enfoiré ! »

A-t-il réfléchi aux sentiments qu'a ressentis la personne qu'il vient d'insulter ? Au malaise ou au ressentiment qui peuvent être les siens ? Évidemment, non. Il oubliera l'épisode dans l'instant. Ne demeureront dans sa mémoire que le plaisir éprouvé, la victoire enregistrée, la gloire affermie.

Cet homme est un enfant.

Sa force réside tout entière dans la crédulité des adultes qui le prennent au sérieux en le pensant l'un des leurs.

15

Philosophie de l'insulte

L'article R. 621-2 du Code pénal définit l'insulte comme :

« Toute expression outrageante, terme de mépris ou invective qui ne renferme l'imputation d'aucun fait[1]. »

★

Le site Mediapart a rendu public, en mars 2025, un enregistrement sonore de Cyril Hanouna jugeant la prestation de Laury Thilleman, lors de la présentation d'une émission pour France 2 :

« Mais arrêtez les mecs, mais c'est honteux, mais elle est nulle. Ne mettez pas une fille ! Je n'ai jamais vu une nullité pareille. J'ai envie de l'insulter. Je ne peux

1. Notons que Cyril Hanouna a été condamné à 4 000 euros de dommages et intérêts pour « injures publiques » envers Louis Boyard, le 20 février 2025, par le tribunal correctionnel de Paris. Il a fait appel.

pas la blairer [...]. Elle est cheum [moche] en plus. Elle a une tête de cheval. Si au moins elle était fraîche. »

Tout dans le propos est vulgaire et dévalorisant. Mais plus spécifiquement, le jugement physique est une insulte. Et la dernière phrase aussi, sans compter sa misogynie.

L'amende pourrait être salée. Encore faudrait-il pour l'obtenir engager un combat judiciaire.

Laury Thilleman ne l'a pas souhaité.

Impunité pour Cyril Hanouna.

*

Michel Cymes, médecin et animateur télé, a réagi différemment. L'animateur de *TPMP* lui avait adressé ces mots doux sur C8 :

« Michel Cymes, je ne sais même pas ce qu'il fait comme métier. Il s'est improvisé animateur, il s'est improvisé médecin. C'est un véritable abruti par contre. Ça, c'est le seul truc où il ne s'est pas improvisé. »

Injures ? Une plainte est à l'instruction.

« Il m'a même envoyé un SMS derrière, complète le médecin-animateur. Quand je te traite d'abruti, la courbe monte. Dans la plainte, on peut rajouter : harcèlement[2] ! »

2. Entretien avec Michel Cymes, le 28 mars 2025.

★

Pourquoi un homme adulte, inséré dans la société, connu, reconnu et donc, que l'on pourrait imaginer apaisé et responsabilisé, utilise-t-il sans contrôle ni discernement une telle violence ? Quel objectif attribue-t-il à ces insultes dont il abuse ?

Cédric Passard est titulaire d'une agrégation de sciences économiques et sociales (SES). Maître de conférences en sciences politiques à Science Po Lille, il est coresponsable de la préparation à l'agrégation de SES à l'université de Lille.

Il a fait paraître en 2024, aux Classiques Garnier, un ouvrage collectif intitulé : *Le Théâtre politique de l'insulte*.

Voici, dans l'introduction, son propos explicatif de la notion qui nous intéresse ici :

> L'insulte est censée agir sur sa cible en la blessant, en l'affaiblissant, voire en la détruisant symboliquement.
>
> Mais elle est aussi une mise en scène du locuteur, qui se donne lui-même en spectacle en projetant ainsi sa violence sur autrui. Traduisant une protestation et une jouissance que s'accorde le sujet, plaisir qui ne va pas sans une certaine méchanceté, elle est en ce sens le symptôme d'une hypertrophie du moi.

> L'insulte suppose donc une certaine théâtralité, la parole violente donnant à voir une émotion débordante et visant à créer l'événement[3].

En quelques lignes sont définis l'animateur et l'intention qu'il donne à son émission.

3. Cédric Passard. Introduction : « Le théâtre politique de l'insulte », dans *Les Usages politiques de l'insulte*, Classiques Garnier, 2024.

16

Un témoin à visage découvert

Jacques Cardoze a 55 ans.

Pendant vingt-sept ans, il a été une figure de France 2. Correspondant de guerre en Irak et au Liban, primé pour son travail par le prestigieux prix Bayeux, envoyé spécial permanent à Londres et à New York, il cumule les fonctions prestigieuses.

En juin 2018, il est nommé à la tête de *Complément d'enquête*, un magazine d'investigation créé en 2001 par Benoît Duquesne. La mort soudaine de ce dernier à 56 ans, en juillet 2014, confère à l'émission une charge émotionnelle particulière et distingue celui qui la présente au sein de la rédaction.

« C'était mon Graal[1] », dit aujourd'hui Jacques Cardoze.

L'accomplissement des rêves ne garantit pas le bonheur. Des différences de sensibilité sur les sujets

1. Entretien avec Jacques Cardoze, le 21 mai 2025.

d'enquête créent des divergences professionnelles qui nourrissent des tensions personnelles. La jalousie s'en mêle, le présentateur craque :

« J'avais rencontré les dirigeants de L'Olympique de Marseille quelques mois auparavant, tout à fait par hasard et sans lien avec un quelconque projet professionnel. C'est l'amour du foot qui nous avait réunis. »

Au printemps 2021, la proposition atterrit sur son bureau : directeur de la communication de l'OM, ça vous intéresse ? Il ne réfléchit pas longtemps, n'en parle à personne et dit oui. Le voici embarqué dans l'aventure à partir de juin 2021.

Rien ne va. Ni la découverte de l'univers sportif qui le déçoit, ni ses sentiments personnels. Il regrette son ancien job et sa décision hâtive. Il en veut à ceux dont il a voulu s'éloigner.

« J'arrête l'OM en février 2023. J'allais mal, j'étais en dépression. »

*

De retour à Paris, il passe ses journées enfoncé dans son canapé, pendant de longues heures, plongé dans la musique classique jusqu'aux oreilles. Soudain – juin 2023 –, il capte une information : *Complément d'enquête*, son bonheur perdu, prépare un numéro sur *TPMP*.

Avant même de réfléchir, il contacte Cyril Hanouna sur les réseaux sociaux. Retour ultra-rapide, conversation ultra-sympathique, contrat immédiatement signé, tout va vite.

★

Pour Cyril Hanouna, la prise est bonne.

Il a souvent lesté son plateau d'une personnalité respectée par ces gens qu'il déteste, « les donneurs de leçons », une appellation qui regroupe tous ceux qui se bouchent le nez en parlant de *TPMP*. C'est pour leur clouer le bec qu'il a embauché Rachid Arhab hier (journaliste, ancien membre du CSA), Jacques Cardoze aujourd'hui, Pascale de La Tour du Pin (journaliste) demain. Une manière aussi de se protéger de la condescendance qu'il perçoit dans les regards et qui, malgré les bravades, le blesse.

Et puis, avec Cardoze, il y a un bonus. Il a perçu sa rancœur à l'égard de ses anciens camarades. Il sait comment l'utiliser pour décrédibiliser le travail du magazine de France 2 et déstabiliser ses responsables.

Un jour, tout à trac sur le plateau, Cyril Hanouna annonce que Jacques Cardoze va tourner une « Enquête de complément » pour répondre au *Complément d'enquête* de ses anciens amis.

« Je n'étais pas prévenu. J'ai dit oui. »

Il a effectivement tourné un documentaire dans les semaines qui ont suivi. Celui-ci n'a jamais été diffusé.

« J'ai assez vite compris qu'il m'avait pris pour me manipuler. »

★

Aujourd'hui, le journaliste est sans travail. Son passage à *TPMP* l'a marqué au front. Certains de ses anciens copains, dans d'autres chaînes ou à la tête de maisons de production, le lui ont dit en face : le vu chez Hanouna, ce n'est pas bon pour le CV.

« Il m'a totalement laissé tomber, dit-il de son ancien employeur. Il m'a utilisé, puis abandonné. Il ne me prend pas au téléphone, il ne répond pas à mes messages. »

★

Lucide et attristé par la spirale qui décrit sa chute, il parle volontiers de cette saison 2023-2024 où il a vu de l'intérieur cette émission qui ne ressemble à aucune autre.

« D'abord, j'étais en confiance avec Cyril, je lui parlais cash. »

Ça commence tôt, dès le numéro zéro, ces galops d'essai auxquels procèdent les équipes en début de saison.

Nous sommes fin août 2023 :

« Il s'approche de moi pendant une pause et m'explique qu'il veut parler davantage de politique pendant ses émissions et sans me le dire clairement, il suggère aussi qu'il pourrait bien être un jour candidat lui-même. »

Silence, il sourit :

« Je n'avais pas bien cerné le personnage, j'étais naïf. Je lui ai dit qu'il n'était pas fait pour ça, qu'il était un remarquable animateur mais qu'il avait du mal à structurer sa pensée. Donc, la politique, plutôt non. Après notre échange, Kelly Vedovelli, une chroniqueuse, m'a parlé à l'oreille : “Fais gaffe à ce que tu lui dis, ne va pas là-dessus, il va te le faire payer.” »

Lui qui aime les choses bien rangées est perturbé par l'improvisation des émissions, les invités que les participants découvrent au dernier moment, les débats qui partent dans tous les sens, les humiliations subies par les uns ou les autres.

« J'ai mis un peu de temps à comprendre que tout tournait autour de lui, que tout était fait pour lui. D'ailleurs, c'est un système amusant à observer. Valérie Benaïm essaie de le tirer un peu vers le haut, de le faire monter d'un cran, et sinon, elle se tient en retrait, elle laisse faire. Gilles Verdez a une autre fonction. Quand Hanouna sort un truc embrouillé, ou qu'il a peur d'aller sur un terrain, il lui passe la parole pour qu'il mette en ordre ce qu'il n'arrive pas à formuler. Du coup, il est dans une position de servilité permanente. Raymond – Aabou, chroniqueur –, c'est différent. Il le flatte dans les coulisses, mais d'une drôle de manière. Par exemple, il raconte ses exploits sexuels et il dit que sans Hanouna, il n'aurait jamais eu autant de succès : "Je leur dis qu'avec moi, elles ont un bout de toi." La formule fait beaucoup rire Cyril. Au moins, il ne se la raconte pas. »

Cette ambiance de cour des miracles accentue son spleen.

Il raconte aussi les consignes curieuses, dans les couloirs :

« De temps en temps, quelqu'un nous dit : "Il ne faut pas parler de ça, Cyril ne veut pas, etc." Un jour, je fais une blague en plateau sur le jet de Cyril, puisqu'une rumeur lui en attribue un. Après ça, dans le couloir, quelqu'un me dit : "Ne refais pas ça, il n'aime pas du tout." J'en ai déduit qu'il avait vraiment un jet. »

⋆

En juin 2024, Jacques Cardoze cesse sa collaboration avec *TPMP*. Il sait que le cirque va continuer sans lui. Il sait que le cirque l'a déjà oublié.

Troisième partie

La politique

Cyril Hanouna a toujours tourné une partie de son attention vers la politique. Il l'a fait avec des atouts indéniables, sans parvenir à dépasser ses faiblesses, qui tracent ses limites.

Un instinct puissant, une possession innée des centres d'intérêt de la jeunesse et des clientèles ont affermi sa confiance personnelle.

Au début de son parcours, marqué par l'environnement de sa jeunesse, il accompagne les associations féministes et antiracistes. Puis la vie change, la sienne, celle de la société soumise aux bourrasques qui modifient les opinions.

Il montre alors autre chose de sa personnalité : un goût de l'ordre, un penchant pour la force, un masculinisme qui le raccorde à la tendance américaine du moment et le fait apparaître en sympathie avec les trumpistes de nos contrées.

Un tel voyage sur le spectre des sensibilités peut étonner. Il suggère une insincérité, soit au début, soit à la fin. Peut-être approche-t-on de la vérité en constatant que l'acquisition de la propriété et la détention du pouvoir ont fini par libérer les sentiments profonds de l'individu.

Mais des limites ont bloqué Cyril Hanouna dans sa démarche. Ce sont celles de ses facilités.

Parce qu'il ressent beaucoup, il ne travaille pas. Souvent, il s'est vanté de ne pas avoir de bibliothèque. Ainsi, il s'est abstenu de se cultiver, comme il s'est épargné le chemin âpre de la réflexion personnelle. Porté par l'élan vital qui fait sa force, et parfois son charme, il n'a rien construit de solide au plus profond de lui-même.

Voilà pourquoi Cyril Hanouna voyage léger. Cela lui permet d'aller vite, mais l'empêche d'aller loin.

S'il a su faire évoluer son émission et l'ouvrir aux problèmes de la société, il ne parvient pas pour l'instant à aller aussi haut que son ego le pousse.

Son objectif ultime serait de concourir devant le suffrage universel. Cela représenterait une consécration pour celui que l'on surnomme encore, à 50 ans passés, un trublion.

Quelques tentatives mal menées ont dévoilé son désir et leur échec a assombri son caractère. Il expérimente, après d'autres ambitieux dominés par l'égoïsme, cette vérité forte : parce qu'elle est d'abord un don fait aux autres, la politique brûle plus qu'elle n'apaise.

17

La légende

Pour se prendre les pieds dans le tapis, Cyril Hanouna n'a besoin de personne.

*

2 février 2012

L'animateur porte la matinale de Virgin Radio sur ses épaules. Il la dirige depuis le mois de septembre précédent. C'est un succès.

Il décide de prendre l'air, d'aller rencontrer ses auditeurs.

Le voici filmé par les caméras de France 3, à Lille, dans le quartier de Wazemmes. Une petite foule l'applaudit. Elle scande : « Hanouna, président ! »

L'animateur sourit. Dans deux mois, le premier tour de l'élection présidentielle opposera Nicolas Sarkozy, le sortant, à ses challengers.

Devant la caméra, il dit :

« On n'est pas candidats. On n'a ni les compétences, ni le programme. On est là pour faire prendre conscience aux jeunes qui écoutent Virgin Radio qu'il faut aller voter, que c'est une année importante pour eux. Il y a beaucoup de choses qui sont en train de bouger. Il faut qu'ils soient acteurs de la société et pas spectateurs. Donc, il faut qu'ils s'inscrivent sur les listes électorales. »

*

1er mars 2014

Catherine Ceylac dialogue avec Cyril Hanouna. L'émission s'appelle *Thé ou café ?*. Elle est diffusée sur France 2. La journaliste aime verser du citron dans son miel. Elle connaît les doses.

Elle a été gentille. Elle ne l'est plus :

« Vous êtes un drôle de citoyen, vous ne votez pas… »

Cyril Hanouna, surpris – comment le sait-elle ? –, puis pénitent :

« C'est vrai que je ne vote pas.

— Vous ne trouvez pas ça irresponsable ?

— Je m'en veux, j'ai un problème. Je suis tellement fainéant avec les papiers.

— Oh, non ! Ça ne marche pas ça !

— Si, si…

— C'est archi-simple de s'inscrire.

— Ça se voit que vous ne me connaissez pas, Catherine. Juste, aller à la mairie, faire des papiers, je suis une catastrophe là-dedans.

— Mais alors, vous ne devriez pas parler de la société…

— C'est vrai.

— Si vous n'êtes pas citoyen, vous donnez le mauvais exemple.

— Aux prochaines élections, j'aurai ma carte d'électeur. Promis ! Je vous enverrai une photo. »

Personne n'a vu la photo.

18

Ça ronronne

2018

Désormais, *TPMP* possède sa liturgie et retrouve chaque jour un public de fidèles. Mais le grand prêtre s'ennuie. Le slogan des débuts : « Ce n'est que de la télé » bride ses émotions. Il veut ouvrir, élargir, briser le carcan qui l'étouffe.

Il a déjà fait quelques tentatives. Loupées.

*

12 octobre 2018

L'alliance de l'inculture et du goût pour le scandale l'incite à organiser un débat sur son plateau :

« Pour ou contre l'IVG ? »

L'excitation est à son maximum à l'ouverture de la discussion :

« C'est un débat que vous attendiez tous. Il y a de très nombreux messages. Tout le monde a un avis. »

Sur le plateau, partisans et adversaires se chauffent du regard. Un grand moment de télé en perspective.

Sur les réseaux sociaux, en revanche, les fausses notes s'accumulent.

À côté des « fanzouzes » qui célèbrent son génie de la démocratie, d'autres voix, venues d'ailleurs, claquent comme des coups de fouet.

L'ancienne ministre socialiste des Droits des femmes, Laurence Rossignol, se moque ouvertement :

« Voilà d'autres thèmes de débats :

Pour ou contre les aiguilles à tricoter ?

Pour ou contre l'eau de javel dans l'utérus ?

Pour ou contre la prison pour les femmes qui avortent ? »

Un autre internaute l'imite :

« Lundi, ne manquez pas le débat : pour ou contre l'abolition de l'esclavage ? »

Un dernier, parmi des milliers :

« Pour ou contre le vote des femmes ? »

Certains téléspectateurs se permettent de faire remarquer en direct à l'animateur qu'il existe un délit d'entrave à l'IVG. Une référence directe à certaines interventions sur le plateau qui détaillent les mille et une manières de ruiner la démarche des femmes qui ne veulent pas donner la vie.

Bilan :

Cyril Hanouna est dépassé par les événements. Le record d'audience est battu. Celui du buzz aussi.

Comment une émission réputée en phase avec la modernité de la société peut-elle accoucher d'un projet aussi ringard ?

La réponse dévoile un aspect méconnu de *TPMP* : le fonctionnement de la team Hanouna.

19

Les ratés de la mécanique

Cyril Hanouna est entouré depuis ses débuts de personnes qui connaissent et comprennent le fonctionnement de la télévision.

Un de ceux qui l'ont quitté récemment raconte :

« Cyril est exceptionnel pendant le direct, et dans la conduite des émissions. Le problème avec lui, c'est en amont qu'il se pose[1]. »

Tous les jours, c'est un flot d'idées qu'il propose à ses équipes. Beaucoup relèvent du réflexe, peu sont réfléchies :

« Il y a de tout dans le paquet : du bien, du banal et parfois du détestable. Notre travail consistait souvent à le détourner de projets auxquels il tenait, mais qui posaient de vrais problèmes. »

1. Ces témoignages ont été recueillis sous une condition stricte d'anonymat.

Le débat sur l'IVG appartient à la catégorie des sujets qui ont rencontré plusieurs feux rouges sur le chemin, et qui se sont pourtant trouvés sur la ligne de départ.

Un autre épisode appartient à cette catégorie. Raconté par le même collaborateur, confirmé par un second, il est demeuré jusqu'à ce jour dans la boîte noire de *TPMP*.

*

Jeudi 18 mai 2017

Il est plus de 23 heures.

Cyril Hanouna anime une émission spéciale sur C8, intitulée : « *TPMP* baba hotline ». On le saura le lendemain : plus de 700 000 téléspectateurs sont au rendez-vous.

L'animateur dévoile la séquence à suivre.

Quelques heures auparavant, il a posté une annonce sur un site de rencontres. Signée « Jean-José », elle se présente sous ce titre : « Homme cherche rencontre sans tabous. »

Le texte est clair :

> Bonjour, je me présente : Jean-José, 1,85 mètre, très sportif et super bien monté, cherche relation courte ou longue selon le feeling. Bisexuel.

Je vous invite à déjeuner et qui sait, peut-être qu'après je vous dégusterai. Je suis joignable au XX.XX.XX.XX.XX après 22 heures.

PS : J'aime qu'on m'insulte.

Cyril Hanouna attend donc des appels sur le plateau, et en direct.

Voilà le sel de l'affaire. Les personnes qui se manifesteront ne sauront pas que leur dialogue avec « Jean-José » sera public. Il sera donc authentique, grossier et croustillant. Très *TPMP*. Et sans danger, puisque l'anonymat sera préservé.

Quelle rigolade !

« Quand il a soumis l'idée, on a tous trouvé ça très mauvais, rapporte notre interlocuteur. Mais il s'est braqué. Il nous a répété ce qu'il disait souvent à l'époque : "Il faut inventer la télé de demain, les gens attendent des choses spectaculaires." On a suivi, obligé. »

Malgré tout, des précautions ont été prises.

Tout comme les organisateurs d'un numéro de cirque mettent un filet sous le trapéziste, l'équipe de production installe un système pour contrôler les réponses à l'annonce. Ceux dont les appels passeront en direct pendant l'émission seront de connivence avec la production. Ainsi, ils ne se plaindront pas, si la fantaisie les saisissait, de la tromperie que représente la publicité donnée malgré eux à leurs propos[2].

Cyril Hanouna ignore tout de cet amortisseur de scandale mis en place par ses collaborateurs. C'est donc en toute bonne foi qu'il accueille les appels sur le portable dédié à partir de 23 h 30.

Sept hommes et une femme répondent à l'annonce. Les propos sont crus, gênants puisque ce qui doit rester intime devient public.

Tout cela, qui est déjà glauque, s'alourdit d'une circonstance aggravante que personne n'avait anticipée.

Quand il discute avec les hommes qui répondent à son annonce, Cyril Hanouna modifie sa voix. Il la tire vers les aigus, la double de gestes, de mimiques, de propos qui mettent en scène les pires représentations homosexuelles[3].

2. J'ai souhaité soumettre cette version aux responsables de l'émission. Leurs silences ou des réponses insultantes ne m'ont pas permis de le faire.

3. Extrait de l'appréciation portée par le rapporteur indépendant devant le CSA, le 26 juin 2017, afin de préparer la décision du 26 juillet 2017 : « Si Cyril Hanouna a repris son personnage "Jean-José", force est de constater que l'utilisation d'une voix efféminée avec des gestes maniérés pour se moquer des homosexuels est un des stéréotypes les plus anciens de l'homophobie. C'est également l'un des plus destructeurs, notamment pour les jeunes homosexuels dont le taux de suicide est beaucoup plus élevé que la moyenne. L'homosexualité a souvent été considérée dans l'histoire comme un refus de la masculinité et comme une volonté d'occuper sexuellement le rôle dévolu à la femme. Elle a souvent été regardée comme un danger pour la filiation et la transmission du patrimoine. En efféminant les homosexuels, on les stigmatise et on les expose, eux et

★

Une avalanche de réactions, furieuses, choquées, malheureuses aussi, accueille la prestation.

La main du CSA sera lourde, à proportion de la bêtise qu'elle doit juger :

> L'animateur a, tout au long de cette séquence, eu recours à de nombreux clichés et attitudes stéréotypées sur les personnes homosexuelles. Le CSA a estimé qu'en diffusant cette séquence la société C8 a gravement méconnu le principe de respect de la vie privée, ainsi que son obligation de lutter contre les discriminations.

À la clé, une amende 3 millions d'euros et une fuite des publicitaires[4].

La télévision du futur selon Cyril Hanouna coûte très cher.

---

leur famille, à la honte et aux moqueries. Cette manière que l'on a de considérer les homosexuels comme différents des autres et donc comme "anormaux" porte un nom, c'est de l'homophobie ».

4. Le lundi 22 mai 2017, soit quatre jours après ce sketch, Cyril Hanouna présente ses excuses sur le plateau de *TPMP* et reconnaît avoir commis une erreur. Il répétera ce propos le lendemain dans une tribune publiée par *Libération*.

20

Les Gilets jaunes

Hiver 2018

Quand ils investissent les ronds-points, en novembre 2018, celles et ceux qui enfilent des gilets jaunes ont un objectif précis : sortir de la précarité où les plongent leurs salaires trop bas.

Qu'au bout du compte, et après bien des détours, ils aient illuminé le destin d'un gros salaire baptisé Cyril Hanouna appartient à ces ruses dont l'histoire est coutumière.

*

D'abord, il y a ce malentendu.

Les Gilets jaunes, du moins leurs meneurs, pensent et disent que les médias sont vendus, ou pourris – dans leur esprit, c'est la même chose. Pensez donc, ils sont tous dans les mains des milliardaires.

Ils se rendent donc sur les plateaux des chaînes info avec méfiance. Parfois même, ils agressent les journalistes qui suivent leurs manifestations et vont jusqu'à bloquer les entrées de l'immeuble où se trouve BFM.

En revanche, ils répondent avec plaisir aux invitations de ce petit gars dont ils ont déjà regardé l'émission, qui parle comme eux et qui semble si bien les comprendre.

Que Cyril Hanouna soit lui-même compagnon de millions avec un autre milliardaire leur échappe complètement. L'aura de *TPMP*, sa foutraquerie congénitale leur font bonne impression.

Face aux Gilets jaunes, l'animateur la joue comme au tennis : montée au filet, volée à droite, volée à gauche, smash si besoin.

Des manifestants font le pied de grue devant les studios ? Il va les voir. Ils se plaignent ? Il les écoute. Il les soutient. Et surtout, il les utilise, car il a senti l'aubaine pour son émission.

★

Jusqu'ici, les responsables politiques ont regardé *TPMP* de loin. Trop de cris, trop de désordres, du populisme, une machine à broyer les élus, les notables et tous les « bien mis ».

Seul Jean-Luc Mélenchon, théoricien des désordres et dénonciateur des « belles personnes », s'y est risqué.

Sa première participation remonte à 2013. Quelque chose de la « mâle attitude » de l'Insoumis s'accordait bien à la rudesse des lieux. Depuis, ses lieutenants Alexis Corbière et Raquel Garrido[1] y possèdent leur rond de serviette. Ils sont invités pour un oui pour un non. Ils répondent toujours oui.

« Il était sympa avec nous, se souvient Alexis Corbière. À l'époque, il était plutôt United Colors ou Benetton. Il invitait même des femmes voilées[2]. »

*

Arrivent les Gilets jaunes.

Le gouvernement est désorienté. Il ne sait pas avec qui parler, ni où, ni d'ailleurs quoi dire, quoi proposer.

Cyril Hanouna perçoit le désarroi. Lui sait quoi faire.

Le Graal, pense-t-il, serait de confronter des manifestants et des ministres, d'organiser le dialogue entre eux. *TPMP*, une émission que le régulateur de l'audiovisuel a déjà condamnée, car s'y sont déroulés des faits assimilables à une agression sexuelle (2015-2016) et parce qu'on y a tenu des propos homophobes (2017), deviendrait ainsi un lieu d'échange et, pourquoi pas – il faut rêver grand dans la vie –, de résolution du conflit.

Au début, la pêche est modeste.

1. Ces deux personnalités ne font plus partie de LFI.
2. Entretien avec Alexis Corbière, 18 mars 2025.

Les membres du gouvernement déclinent l'invitation quand ils prennent la peine d'y répondre.

Un seul poisson, pas gros, mord à l'hameçon en cet hiver agité : Mounir Mahjoubi, secrétaire d'État oublié au numérique. Mais au dernier moment, son ministre de tutelle, le ministre de l'Économie Bruno Le Maire, lui interdit de mettre les pieds dans ce lieu de perdition.

Mahjoubi maugrée d'abord, capitule ensuite, ronchonne encore.

Cyril Hanouna a senti la faiblesse de la proie. Il insiste, tous les jours.

Mi-décembre, résolu comme le sont les timides, Mounir Mahjoubi envoie balader les consignes et accepte de croiser le fer au nom du gouvernement avec les Gilets jaunes, ou du moins avec leurs représentants lunaires. Le voici face à Maxime Nicolle et Éric Drouet, plus préoccupés par leurs convictions d'inspiration complotiste que de négocier sérieusement des avancées pour leur mouvement.

Résultat : dialogue creux, résultats insignifiants.

Aucune importance. Pour Cyril Hanouna, l'essentiel est dans le spectacle et dans la possibilité qu'il lui procure de jouer le coup suivant.

Car son esprit n'est jamais en repos. C'est l'une des clés de son succès.

21

Schiappa-Hanouna, le couple star

Portée sur les flots par un culot immense, experte, voire géniale en coups de com, Marlène Schiappa, secrétaire d'État chargée de l'égalité entre les femmes et les hommes, s'est imposée en quelques mois comme la pépite du gouvernement grisâtre d'Édouard Philippe.

Avant de savourer les douceurs ministérielles, Marlène Schiappa a connu plusieurs vies qui, toutes, ont aiguisé ses qualités.

Courageuse, c'est incontestable, intelligente, vive, rapide aussi.

Elle comprend très jeune les problèmes auxquels sont confrontées les femmes. Elle sait comment combattre dans une société dominée par la culture masculine. Elle n'a pas peur de la castagne. Faite pour la politique.

En 2008, elle a 26 ans, elle lance un blog, intitulé : « Maman travaille ».

Récits, conseils, polémiques, tendresses, elle acquiert une renommée qui lui permet de tisser des liens avec des associations et des personnalités diverses.

Le maire du Mans – la ville où elle habite –, Stéphane Le Foll, un socialiste, remarque son travail. Au renouvellement municipal de 2014, il lui propose une fonction d'adjointe chargée de l'égalité.

C'est alors que Brigitte Macron la repère. Elle cherche des têtes nouvelles pour étoffer le projet de son mari, devenu ministre de l'Économie, et aspirant à beaucoup plus.

À la création de La République en marche, au printemps 2016, Marlène Schiappa prend la tête du pôle « Égalité hommes-femmes ». Déjà ministre, ou presque.

*

Nommée le 17 mai 2017, Marlène Schiappa manifeste aussitôt son originalité en convoquant Cyril Hanouna dans son bureau.

Il s'agit officiellement de lui tirer les oreilles pour cet horrible sketch homophobe qui a eu lieu le lendemain de sa prise de fonction, le 18 mai 2017. Convoquer un animateur télé, aucun ministre avant elle ne l'avait fait. En réalité, elle est spectatrice depuis longtemps de *TPMP*. Elle adore l'idée de voir le présentateur « en vrai ».

Au cours de cette rencontre, les deux tempéraments de pirates s'épousent comme une fermeture Éclair. La ministre fera savoir par la suite, et pour la forme, qu'elle a recommandé à Cyril Hanouna d'animer son émission « en père de famille », avec la conscience « que ce sont nos enfants qui regardent cette émission ».

De l'humour, probablement.

★

L'année suivante, Marlène Schiappa franchit un nouveau pas. Elle accepte l'invitation que lui fait Cyril Hanouna et la rejoint sur son plateau.

Nous sommes le 8 mars 2018, Journée internationale des droits des femmes. Oubliée, la condamnation pour image stéréotypée et dégradante de la femme commise en plateau, ou plutôt ringardisé, le CSA qui l'a prononcée.

Que dit-elle en effet de l'animateur qui la reçoit avec sourires et compliments ?

« Je le trouve très beau, très bienveillant, très gentleman. »

Et pour finir, ce poinçon ministériel apposé sur le front :

« Il se comporte bien avec les femmes, très loin de la caricature que l'on peut faire. »

Olivier Schrameck, président du CSA à l'époque, ses sbires avec lui, peuvent aller se rhabiller.

Mais la ministre n'est pas venue seulement pour mettre des colliers de fleurs autour du cou de Cyril Hanouna. La raison officielle est très sérieuse, même si elle est à peine croyable.

Elle et ses collaborateurs ont mis au point un plan contre le cyberharcèlement et il lui a semblé que *TPMP*, à partir duquel sont organisés de redoutables raids numériques, était l'endroit approprié pour le présenter au grand public.

Cynisme ? Inconscience ? Je m'enfoutisme ? Tout à la fois, certainement.

22

Schiappa-Hanouna, présentateurs d'un soir

Ce qui précède n'est qu'enfantillages.

Voici venir le gros coup, celui que l'on n'a jamais vu encore à la télévision française, qui va faire trépigner les rageux – mais qu'ils trépignent donc, ces gens qui ne comprennent pas que la télévision de demain se fabrique aujourd'hui.

À la mi-décembre 2018, un petit mois après le début du mouvement, Emmanuel Macron a failli tomber sous la main de Gilets jaunes qui visiblement lui voulaient du mal. La scène s'est déroulée au Puy-en-Velay (Haute-Loire), une fin d'après-midi glacée. Le chef de l'État a eu très peur.

Pour sortir de cette violence, il propose un grand débat. Déballons tout, voyons ce qui reste.

La première rencontre du genre se déroule le 15 janvier 2019, à Grand-Bourgtheroulde, 4 000 Normands coincés entre Rouen et Évreux. Six heures de dialogues, un président de la République au sommet de l'amour de lui-même, le début de la fin des Gilets jaunes.

Farouchement animée du désir d'être la meilleure élève, Marlène Schiappa échafaude alors une opération d'éclat.

Brouillant volontairement la frontière entre ceux qui font la télé et ceux qui y sont reçus, la ministre propose à Cyril Hanouna de coprésenter avec lui une émission où elle répondra, au nom du gouvernement, aux questions que se posent les manifestants. Une fantaisie que l'on n'aurait pas cru possible dans une démocratie.

L'animateur accepte.

*

Le rendez-vous est fixé au vendredi 25 janvier 2019. Avant la date, les critiques sont innombrables. Personne ne comprend. Tout le monde s'interroge. Les organisateurs sont ravis.

L'émission tient ses promesses, celles du show acrobatique où on finit par ne plus savoir qui est qui.

Pendant son déroulement, alors que la ministre se dépêtre de la colère des personnes présentes sur le plateau, le président de la République en personne adresse un SMS à Cyril Hanouna. Vue de l'Élysée, la ministre est formidable, l'animateur est formidable, l'émission est formidable. Le président est content.

Aussitôt et en direct, Cyril Hanouna informe Marlène Schiappa du contentement présidentiel. Elle rosit de plaisir. Quant à l'animateur, son visage irradie du bonheur qu'éprouve celui qui se retrouve au sommet de l'Everest, après avoir subi mille galères avant d'y parvenir.

Où l'on voit que l'empire Bolloré n'a pas toujours été la machine de guerre anti-Macron qu'il est devenu.

★

À partir de ce moment, Marlène Schiappa, dont la carrière sera plutôt stagnante, n'aura de cesse de faire la publicité de son compagnon d'un soir. Selon elle, Cyril Hanouna mérite de figurer au panthéon de la politologie.

La voici devant une caméra de France 2, à l'occasion d'un reportage quelconque. Elle évoque l'affaiblissement du sentiment citoyen. Elle propose une solution :

« Si vous voulez intéresser les jeunes à la politique, il faut passer par Hanouna. »

Quand approche l'élection présidentielle de 2022, elle émet une suggestion :

« Le débat d'entre deux tours ? Il faut le confier à Cyril Hanouna. »

Elle ne sera pas entendue.

Qu'importe : la voie est ouverte.

*

Après Marlène Schiappa, c'est tout le gouvernement, ou presque, qui défile sur C8. *TPMP* accueillera ainsi un ministre de l'Intérieur (Gérald Darmanin), un ministre de l'Éducation (Jean-Michel Blanquer), une ministre du Travail (Élisabeth Borne), un ministre du Budget (Gabriel Attal), plus d'autres, plus des parlementaires.

Le Premier ministre (Édouard Philippe) et celui de l'Économie (Bruno Le Maire) résistent. Qu'ils soient maudits !

Désormais, Cyril Hanouna joue dans la cour des grands.

23

Marlène Schiappa, des années plus tard

J'ai voulu évoquer ce passé pas très ancien avec Marlène Schiappa.

La confusion entre un ministre et un animateur n'est-elle pas le signe d'un populisme naissant ? Ne faut-il pas préserver l'indépendance de la télévision par rapport au pouvoir ? Le mélange des genres ne nuit-il pas au débat démocratique ?

Et puis au passage, comment a-t-elle pu absoudre Cyril Hanouna de toutes les stigmatisations dont il avait été l'objet avant leur collaboration ? L'image dégradante donnée de la femme, l'homophobie, sanctionnées par l'autorité administrative, confirmées par le Conseil d'État à chaque fois saisi par le groupe Canal, ne comptent-ils pour rien ? N'y a-t-il pas là un risque de banalisation de comportements problématiques ? Une attitude qui ruine les discours de la puissance publique sur la bienveillance et le respect des autres ?

Nous en sommes restés, elle et moi, au stade des SMS généraux, sans que je puisse même formuler une demande précise. Sa première réponse ne laissait pas d'espoir :

« Je comprends très bien la question. Je ne regrette absolument pas. J'ai été précurseur en allant dans son émission. Il représente plus de deux millions de personnes et une soupape pour les gens qui disent des choses que l'on n'a pas envie d'entendre. Casser le thermomètre ne casse pas la fièvre. »

En effet. Mais les questions étaient différentes.

24

Quatre mains pour un chef-d'œuvre

Cyril Hanouna qui s'est plusieurs fois vanté de ne jamais lire de livres en publie un.

Dire qu'il l'a écrit serait aventureux. La couverture avoue que le journaliste Christophe Barbier, ancien de l'École normale supérieure, a prêté la main à l'ouvrage. Quand on lit les raisonnements et les références (Alfred Sauvy, Solon, Clisthène), on comprend qu'il a même prêté les deux.

Présentons l'ouvrage.

Éditeur : Fayard.

Date de parution : octobre 2021.

Deux hommes sur la photo de couverture : Cyril Hanouna et Christophe Barbier, éditorialiste politique, ancien directeur du magazine *L'Express*.

Le titre : *Ce que m'ont dit les Français.*

Le sous-titre : « Cyril Hanouna livre à Christophe Barbier sa vision de la France ».

On pense à Charles de Gaulle, qui ouvre ses *Mémoires de guerre* sur cette phrase :

« Toute ma vie, je me suis fait une certaine idée de la France. »

★

Ce livre est de circonstance. Il veut marquer dans l'encre le nouveau statut de celui qui se considère désormais comme bien plus qu'un animateur de télévision :

« Moi-même, j'ai changé, lit-on dans la préface. Beaucoup. Depuis trois ans, je dirais même que les épreuves traversées par la France m'ont bouleversé, aux deux sens du terme : elles m'ont très souvent ému, et elles m'ont profondément modifié. »

« Je vais désormais m'attacher à panser les plaies », écrit-il encore, en se proposant d'incarner le trait d'union entre ceux qui dirigent, à qui il parle, et ceux qui souffrent, à qui il parle aussi.

Un pont entre deux rives, tel est son destin.

★

La tournée promotionnelle qui suit est celle d'un grand-duc. Cyril Hanouna veut démontrer qu'il est bien plus désormais qu'un simple animateur de télévision. Il va donc se rendre là où se rendent les meilleurs.

Il a fallu le chausse-pied pour qu'il accède au saint des saints radiophoniques : le 7 h 50 de RTL. La rédaction n'en voulait pas. Le grand patron de M6, Nicolas de Tavernost, propriétaire de la radio, a froncé les sourcils.

Alors Cyril Hanouna est « l'invité de RTL », le 5 octobre 2021.

Le samedi suivant, 9 octobre, il se retrouve face à Léa Salamé et Laurent Ruquier, sur France 2, dans l'émission *On est en direct*. Tous les deux ont aimé le livre. Une chance. Tous les trois adorent la politique. Aimable conversation de salon.

Cyril Hanouna est à ce point ravi qu'il en oublie son identité profonde, celle d'un perturbateur de la bien-pensance, pour s'exprimer comme un vieux politicien :

« Je suis fier d'être français, je suis fier de mon pays. La France m'a donné tout le succès que j'ai pu avoir aujourd'hui. J'ai envie de rendre à la France ce qu'elle m'a donné. »

On croirait du Éric Ciotti.

25

Le populisme est de retour

Vendredi 14 octobre 2022

Lola est morte. Elle a été assassinée.

Lola a 12 ans. Elle rentre du collège situé tout proche de son domicile, dans le XIXe arrondissement de Paris. Une jeune femme qu'elle ne connaît pas la hèle. Pourquoi se méfierait-elle ? Il est 14 heures, ce vendredi 14 octobre 2022. Le quartier est calme. Tout va bien.

La suite est une horreur et un mystère.

Sous un prétexte inconnu, la jeune fille suit la femme dans un appartement de l'immeuble. Elle est donc assassinée. Son corps est placé dans une malle, elle-même abandonnée ensuite par la meurtrière présumée.

Celle-ci est arrêtée deux jours plus tard, un dimanche, et dès le lendemain, lundi, des éléments la concernant sont rendus publics.

Elle est algérienne, en situation irrégulière sur le territoire national qu'elle aurait dû quitter, sous le coup d'une OQTF (obligation de quitter le territoire français). Il apparaît en outre que sa raison est altérée, et la possibilité d'une irresponsabilité pénale est évoquée.

La connaissance des faits soulève une émotion considérable.

⋆

Mardi 18 octobre 2022

La politique s'empare du meurtre. C'est sa fonction. La séance de questions au gouvernement, à l'Assemblée nationale, le mardi 18 octobre, est heurtée, difficile.

Plusieurs députés reprochent au gouvernement sa faiblesse, ses erreurs, son incompétence. Le garde des Sceaux, Éric Dupond-Moretti leur répond :

« Il est honteux de se servir du cercueil d'une gamine de 12 ans comme d'un marchepied. »

⋆

Ce même mardi soir, Cyril Hanouna s'empare du meurtre. Ce n'est pas sa fonction.

Il le fait sans mesure, sans distance, sans culture.

Le cahier des charges qu'acceptent tous les médias audiovisuels bénéficiant des moyens de diffusion publics leur impose de traiter les affaires judiciaires en cours « avec mesure ».

Cette disposition n'est pas un encouragement à la censure. Elle cherche à préserver, à la télévision, la justice des passions humaines. En effet, des propos violents, catégoriques, excessifs peuvent exacerber les émotions, créer des mouvements d'opinion, susciter des désordres.

Rendre la justice, ce n'est pas exercer une vengeance. Cette activité, parmi les plus difficiles que tentent d'opérer les sociétés civilisées, requiert de la hauteur, de la distance afin que le verdict, une fois énoncé, apparaisse comme légitime, et soit accepté. C'est pour cette raison que s'impose dans les affaires criminelles, plus que dans toutes les autres, cette notion fragile de la présomption d'innocence.

Parfois, le coupable est connu, parfois lui-même avoue son crime. Pourtant, il est nécessaire de le traiter équitablement, en lui fournissant l'aide d'un avocat pour assurer que ses droits soient respectés. C'est ainsi qu'au bout d'un processus nécessairement long, éprouvant pour les familles de victimes, hélas, il est possible de vraiment rendre justice, dans la dignité et dans le respect des principes qui fondent la démocratie.

Toutes ces réflexions, ces précautions, cette sensibilité, Cyril Hanouna va les pulvériser, les réduire en bouillie, dans une colère nourrie par l'archaïsme et l'ignorance.

« Il était très énervé toute la journée, raconte l'un de ses collaborateurs de l'époque. Quelques personnes ont essayé de le raisonner, de cadrer une réponse, mais comme d'habitude, il n'en a fait qu'à sa tête. »

Voici son commentaire, prononcé à la fin de l'après-midi, dans son émission, sur un ton et avec des mots inadaptés :

« Je n'ai pas peur de le dire, pour ce genre de personne, le procès doit se faire immédiatement, en quelques heures, et terminé, c'est perpétuité direct. Et pas d'avocat, elle ne mérite pas…

C'est le genre de cas où, fou ou pas fou, elle doit être en prison. Elle ne doit pas être soignée. Pas consciente de ses actes ? Entendre ce discours en France, je n'en peux plus de ça, c'est insupportable et les lois doivent être changées. »

Juger un fou, organiser un procès expéditif, écarter un avocat de la scène : cette diatribe remet en cause des décennies, sinon des siècles, de patiente construction de la justice dans la démocratie. Sur quelles bases, sinon celle d'une pensée primaire, éloignée de toute idée de civilisation ?

*

Comme toujours, les réactions sont innombrables, stupéfaites, indignées. L'Arcom, qui en a l'habitude, déclenche une procédure. Elle va aboutir dès le 18 novembre à une mise en demeure de C8 pour « non-respect de la retenue exigée dans le traitement d'une affaire judiciaire en cours ».

Une décision qui indiffère l'animateur et laisse de marbre l'ensemble de sa hiérarchie.

Il faut toutefois noter une singularité.

Deux jours après cette expression violente, Cyril Hanouna accueille sur son plateau le ministre de l'Intérieur de l'époque, Gérald Darmanin. Par sa seule présence, celui-ci met le poids de sa fonction au service d'un populisme qui se sent soutenu, sinon encouragé, au plus haut niveau de l'État.

On peut d'ailleurs signaler un autre fait qui souligne l'incongruité de la présence du ministre de l'Intérieur. Entre mille missions liées à sa fonction, celui-ci soutient, encadre, conseille les collectivités territoriales. Il est, en quelque sorte, le ministre des élus, l'interlocuteur régulier des 36 000 maires et de leurs adjoints. Il doit donc être attentif aux rapports qu'il entretient avec eux.

Pas de chance. Le 5 de ce terrible mois d'octobre 2022, deux semaines environ avant l'assassinat de Lola et les dérapages auxquels il a donné lieu, Cyril Hanouna, furieux et vindicatif sur le plateau de *TPMP*, insulte Anne Hidalgo, maire de Paris, pour une décision municipale qu'il n'approuve pas : « Elle ne peut pas fermer sa gueule [...], chasser les rats plutôt que dire des conneries[1]. »

En plus d'être un délit, l'insulte publique est choquante.

Ce « ferme ta gueule » à l'égard d'une élue de la République n'aurait-il pas dû pousser Gérald Darmanin à la prudence ? Et peut-être aurait-il dû s'abstenir de se rendre sur le plateau de *TPMP* ?

Mais non, il est là, et bien là, établissant une nouvelle démonstration que les valeurs et les principes servent rarement de balises quand il s'agit de Cyril Hanouna.

Il aurait été intéressant de confronter un ministre de la République à ces contradictions. Comme dans une ritournelle, j'ai envoyé des bouteilles à la mer. Elles n'ont pas trouvé leur destinataire, Gérald Darmanin en l'occurrence, bavard pourtant en maintes circonstances.

Savoir se taire est sage quand on sent l'embarras.

1. Sur les raisons précises de ces insultes, qui ont valu une condamnation à Cyril Hanouna, voir page 194.

26

La honte

Mercredi 19 octobre 2022

La veille, Cyril Hanouna a pleuré Lola.

Ce soir, c'est la fête.

Ce changement spectaculaire porte un nom : les audiences.

Hier, C8 a touché les nuages. Des téléspectateurs par régiments. La gloire. Le bonheur.

Cyril Hanouna, micro à la main, annonce une grande nouvelle. Pour fêter le succès, toute la direction de C8 va le rejoindre sur le plateau ! Un événement ! Le public applaudit, puisqu'on lui demande de le faire.

Une caméra placée à l'extérieur du studio guette l'arrivée des personnalités. Elle attrape dans son viseur une limousine rouge, genre américaine des années 60 en Floride. On la voit, s'engageant dans la rue.

Des « cheerleaders » marchent à ses côtés. Des musiciens l'encadrent.

Lola, c'était hier.

Dans la voiture qui s'approche, ceux qui connaissent le petit milieu de la télévision identifient l'homme placé côté passager. Il s'agit de Franck Appietto, le directeur de la chaîne. Son visage est radieux. Il est habillé d'un épais manteau à poil long et porte au cou une lourde chaîne dorée. Il lui manque seulement un cigare pour compléter la panoplie.

Quel sens donner à ce déguisement ?

Assis à l'arrière, deux autres responsables de C8 sourient eux aussi de toutes leurs dents.

Tout le monde descend de voiture. Les hommes – il n'y a pas de femmes – se tapent dans le dos. La caméra les suit dans le dédale de couloirs. Ils parviennent sur le plateau. L'animateur, qui a commenté la déambulation sur le même ton qu'une course de chevaux, se jette dans leurs bras.

Embrassades, congratulations, discours. Franck Appietto remet un trophée à Cyril Hanouna.

« Quand j'ai vu Appietto danser pour les audiences, avec son manteau en poils de chameau, j'ai eu honte pour lui », commente aujourd'hui un membre de la direction de Canal+.

À ceux qui ont jugé cette cérémonie consternante, Cyril Hanouna répondra, les jours suivants, en quelques mots :

« Jaloux ! » « Abrutis ! » « Rageux ! »

Du Donald dans le texte.

27

Les nouveaux amis de Cyril

À force d'entêtement, Cyril Hanouna a réussi à être pris au sérieux par des personnalités qui l'impressionnent. Il dialogue avec le président de la République, des ministres, des chefs de partis. Il les appelle au téléphone, échange des idées, donne des conseils.

Demain peut-être, il les défiera devant le suffrage universel.

C'est la dernière marche. Trop haute encore. Pour l'instant.

*

Parmi les contacts suivis que le présentateur de *TPMP* a noués dans ce monde-là, trois méritent d'être distingués.

Gérald Darmanin est le premier avec qui s'est établie une relation proche, à défaut d'être tout à fait amicale. L'homme politique était ministre de l'Intérieur quand des échanges réguliers ont commencé entre eux. Rendez-vous, SMS, conversations téléphoniques :

« Ils se parlent beaucoup, assure un proche de l'animateur. Ils se comprennent. »

Élu à Tourcoing, dans le Nord, l'homme politique se vante de représenter une France laborieuse et populaire, qu'il oppose aux cercles parisiens où il passe pourtant la quasi-totalité de son temps.

Cette démagogie de basse intensité le rapproche de l'homme de télévision dont le cheminement est inverse.

Banlieusard éduqué dans une famille aisée – père médecin, mère commerçante –, Cyril Hanouna se présente en communion avec une France laborieuse dont il n'a jamais connu ni partagé l'existence.

Bien qu'artificielles, les deux postures fusionnent à leur bénéfice mutuel. Le ministre a l'impression de respirer le grand public ; l'animateur réchauffe son cœur dans la proximité du vrai pouvoir.

★

L'affaire est plus authentique avec Jordan Bardella, le président du Rassemblement national.

Le contact se noue entre eux en 2021, date des premières apparitions du leader politique sur le plateau de C8. Vingt ans les séparent, une origine commune les réunit : la Seine-Saint-Denis, leur département de naissance.

L'entente est spontanée. Elle repose sur une base inattendue : « Ils se marrent beaucoup tous les deux », rapporte un témoin de leurs dialogues sur le plateau de C8.

Des restaurateurs les reçoivent fréquemment pour des dîners en tête à tête, ce qui représente un motif d'étonnement pour ceux qui connaissent l'animateur : « Cyril n'aime pas manger, il n'a ni goût, ni patience pour la cuisine. Des pâtes au thon matin, midi et soir, ça lui va très bien. »

Des parties de padel les réunissent aussi, dans un lieu dont les propriétaires leur garantissent la discrétion. Enfin, distinction particulière, Jordan Bardella a passé quelques jours au mois d'août 2023 dans la belle villa tropézienne de Cyril Hanouna.

« Oui, Jordan m'en a parlé à l'époque, confirme un responsable du Rassemblement national. Mais il regrettait un peu la manière dont les choses ont tourné. »

Référence à un incident qui a brouillé le séjour.

Informé de sa présence, un paparazzi a collé sur un même cliché les deux hommes, un soir, sur la terrasse de la villa. Les photos ont été proposées à la vente. Elles ont été achetées. Elles n'ont jamais été publiées.

La complicité les pousse à échafauder des plans sur un futur aléatoire. Ainsi, Cyril Hanouna évoque un jour devant un proche la possibilité d'être ministre, au cas où son ami décrocherait Matignon : « Il n'était peut-être pas sérieux, mais ça lui faisait plaisir de le dire. »

Ministre de quoi ? Pour le savoir, il faut attendre.

« On va en rester là, je ne veux pas me faire piquer. »

*

La troisième rencontre importante est truffée de pointes baroques.

Bruno Retailleau est devenu ministre de l'Intérieur à 63 ans, fin septembre 2024. Très vite, dans un gouvernement où les oiseaux volent bas, il apparaît comme l'aigle qui surplombe la plaine.

Cyril Hanouna demande une audience courant décembre 2024, Place Beauvau. Accordée. La presse de l'époque fait état de la rencontre, évoquant, une fois qu'elle s'est produite, l'opinion très positive qu'a retiré le ministre de son visiteur. On a même lu qu'il avait été impressionné par ses idées[1].

La curiosité piquée par la confidence, j'ai contacté l'entourage de Bruno Retailleau. Précision récoltée :

« Cyril Hanouna n'a pas du tout une analyse politique des choses. Ce qui a marqué le ministre,

1. Site Politico, 27 janvier 2025.

c'est sa capacité de synthèse de l'opinion. Il est aussi intéressant qu'un institut de sondage. »

Depuis ce moment, les deux hommes dialoguent beaucoup.

Un des interlocuteurs de Cyril Hanouna, dans les mois qui ont suivi, rapporte que leur conversation est interrompue par un appel, sur le portable lui-même posé sur la table. Le nom qui s'inscrit est celui de Bruno Retailleau.

Dans l'hebdomadaire *Valeurs actuelles* du 7 mai 2025, on lit ceci sous la signature du journaliste Édouard Lavollé :

« 14 avril, 10 heures. Cyril Hanouna nous a donné rendez-vous dans un hôtel chic du XVIe arrondissement [...]. Pendant cinq minutes, il esquisse ses idées [pour la France]... Puis, il s'interrompt brutalement : "Regarde qui m'écrit." Le nom de Bruno Retailleau s'affiche. Un message Telegram. »

La proximité entre les deux hommes défie la logique au regard de leurs parcours respectifs.

L'un a longtemps cru à la France black-blanc-beur, quand l'autre s'est dit très tôt convaincu d'une possible submersion de sa part blanche par une immigration incontrôlée.

L'éducation politique du ministre s'est faite dans la ruralité, entre messes et vêpres, alors que le banlieusard a toujours paru indifférent au salut de son âme, la preuve par son panier garni de péchés.

Ce qui réunit aujourd'hui les deux hommes s'explique par l'alliage du futile et du fondamental.

Au cap de la cinquantaine, Cyril Hanouna ne cesse de dire son amour de la patrie et d'évoquer son inquiétude en constatant son évolution.

Mâle blanc âgé, il se tourne vers ceux qui partagent son désarroi devant une évolution du monde qui les angoisse.

Voilà quelques années, Bruno Retailleau collet monté n'aurait jamais imaginé rechercher le contact avec un animateur à scandales de télévision. Entré dans la vie ministérielle sur le tard, il découvre les canailleries de la capitale. Et leur trouve visiblement du charme.

Le ministre de l'Intérieur sait-il qu'il évoque le futur de la France avec un homme qui menace ses contradicteurs, comme le font des individus que sa police pourchasse ?

Ces chafouineries sont adorables.

Et innombrables.

Le Nouvel Obs du 10 avril 2025 rapporte une information : le 1er avril précédent, un mardi, Vincent Bolloré et Bruno Retailleau ont déjeuné ensemble.

Surprise du journaliste, recadrage de l'entourage du ministre : « Un moment amical, entre deux personnes qui ont noué une relation de très grande confiance, une relation intime. »

Voilà le paysage : Vincent est ami avec Bruno, qui est ami avec Cyril, qui est ami avec Vincent. Appuyés les uns sur les autres, tout ce petit monde projette d'aller loin. On peut imaginer leur destination finale.

28

Candidat sans rire

Certains dans son entourage assurent qu'il y croit ; d'autres jurent qu'il s'amuse.

Voici les faits.

*

À l'été 2024, Cyril Hanouna qui a déjà laissé prospérer, sinon encouragé, des rumeurs sur le sujet, décide de réfléchir à une candidature présidentielle.

Aidé de quelques amis, il met sur pied un embryon de programme. Deux axes lui paraissent suffisants pour diriger la France : le pouvoir d'achat qu'il faut augmenter pour les plus modestes, l'insécurité qu'il faut réduire pour les plus fragiles.

Après un travail sur la matière que certains définissent comme parcellaire et superficiel, Cyril Hanouna entreprend une tournée auprès de journalistes de confiance, début de l'année 2025. Le succès n'est pas flagrant. Personne ne le prend au sérieux.

La rédaction du *Point*, par exemple, refuse d'héberger dans ses pages ce qui pourrait être présenté comme une déclaration de candidature[1].

À force de tourner, le projet s'évente. Le magazine *Marianne* l'évoque dans un numéro de février : « Hanouna : les dessous d'une ambition présidentielle ».

★

Pour avoir du concret, il faut attendre. C'est l'hebdo *Valeurs actuelles* qui frappe les trois coups, à sa une de fin avril :

« 2027 : le candidat Hanouna !

Nos révélations sur le pari fou de l'animateur ».

Un long papier accompagne l'annonce. Concernant le programme, les équipes Hanouna, réduites, ont picoré un peu chez tout le monde. La France insoumise, avec la promesse d'un référendum tous les mois ; Édouard Philippe, avec le retour du cumul des mandats maire-parlementaire ; Éric Zemmour, avec la baisse des charges sur les salaires pour augmenter le pouvoir d'achat ; Éric Ciotti, avec la création d'un « Guantanamo à la française » pour les détenus réputés les plus dangereux.

---

1. *Le Point*, 30 avril 2025, sous la signature d'Erwan Seznec : « L'animateur avait déjà contacté des magazines, dont *Le Point*, en février 2025, pour un scoop : sa candidature à la présidentielle. »

Aucune des personnalités concernées ne peut se plaindre. Elles-mêmes ont puisé dans le sac des autres sans payer des droits d'auteur.

★

Pour Cyril Hanouna, le programme est secondaire. Ce qui compte, c'est la trajectoire.

Il est suggéré dans les papiers que Volodymyr Zelensky serait son modèle.

C'est un fait : le président ukrainien était un showman de la télé avant d'entrer dans l'arène. Mais son émission satirique représentait une critique serrée de l'action politique menée par les gouvernements de son pays.

Il donnait du sens aux rires.

Or ni Gilles Verdez, ni Géraldine Maillet n'ont prétendu analyser le macronisme et ses actions. Pris sous le fouet du patron, ils ont livré ici et là des bouts de pensées. Pas assez pour donner aux téléspectateurs l'impression d'écouter des cours de Sciences Po.

★

Il existe pourtant une autre source d'inspiration, étrangement peu citée.

Donald Trump est devenu milliardaire en embrouillant les banques au moyen d'un empilement de projets prétendument mirifiques.

Fort de cette habileté, il a obtenu une émission hebdomadaire de télévision au cours de laquelle il congédiait, avec sadisme et brutalité, les candidats jugés faibles ou mous : « *You're fired !* »

La notoriété acquise devant les caméras l'a installé dans le cœur des descendants de la rugueuse conquête de l'Ouest. Outrancier et mensonger, il a fini à la Maison-Blanche.

⋆

10 novembre 2016

À la première élection de Donald Trump, Cyril Hanouna a fait connaître sa désapprobation du personnage par un procédé subtil. Mentionnant des catégories sociales ou des minorités – étrangers, homosexuels, etc. –, il demande à tous les gens qui s'en réclament de sortir du plateau.

Résultat : une salle vide.

TPMP est rebaptisé pour l'occasion : « Trump pas à mon poste ».

⋆

Janvier 2025

À l'occasion de la nouvelle élection de Donald Trump, le changement de ton est radical.

S'il assure ne pas être en accord avec toutes les propositions du président réélu, il lui fait le crédit de vouloir défendre son pays, les États-Unis, regrettant implicitement l'absence d'une telle personnalité en France.

Au mois de février qui suit, camouflant difficilement son contentement, il annonce à ses « chéris » – chroniqueurs et fanzouzes réunis – qu'il sera prochainement présent à Mar-a-Lago, résidence floridienne du président Trump, et en sa présence.

Étonnement et jalousie sur le plateau : comment ? Pourquoi ? Et nous ?

Cyril Hanouna précise qu'un discours sur la liberté d'expression lui a été demandé. Il en serait devenu l'un des experts mondiaux, vu les persécutions de l'Arcom à son égard. D'ailleurs, la considération américaine serait telle qu'un avion serait mis à sa disposition pour l'aller et pour le retour.

Sans que soient fournies des raisons convaincantes, le voyage, s'il a un jour été programmé, n'aura finalement pas lieu. Quant au speech, hélas, il s'empoussière dans un tiroir.

⋆

Fin avril 2025

La une de *Valeurs actuelles* annonçant sa candidature à l'Élysée est publique le mardi 29 avril 2025. Des sondages qui ne sont pas ridicules complètent le dispositif. L'affaire a les apparences du sérieux.

Autour de Cyril Hanouna, c'est l'effervescence.

La direction d'Europe 1 s'inquiète. Un candidat ne peut pas animer une émission.

L'Arcom met en garde qui veut bien l'écouter : chaque mot prononcé par Cyril Hanouna devra être compensé par des mots des familles politiques concurrentes.

Le groupe M6, qui vient de signer un contrat au nombre de zéros tenu secret, ne souhaite pas être embarqué à l'insu de son plein gré dans le redressement de la France.

Le lendemain de la une, Cyril Hanouna capitule, s'abritant derrière une intention blagueuse qui ne convainc pas vraiment.

L'homme qui voulait être candidat ne l'est plus. Pour toujours. Ou pour l'instant.

Quatrième partie

Les complices

Le talent ne s'épanouit jamais seul. Il lui faut du soutien, des amis, de la compréhension, et même de l'amour.

Il trouve aussi parfois un secours salutaire auprès de complices, un mot qui désigne des personnes qui devraient refuser ce qu'elles acceptent.

29

Touche-moi le sexe (1)

C'était avant #MeToo. C'était déjà moche.

Vers le milieu des années 2000, Cyril Hanouna anime une émission sur la chaîne Comédie !

Le concept est hasardeux. Il propose des défis à des anonymes croisés dans la rue. Quoi ? Ce qui lui passe par la tête. C'est lui qui décide.

Voici une vidéo de l'époque. Cyril Hanouna s'adresse à deux jeunes femmes :

« Vous allez devoir, comme ça, toucher des quéquettes à la volée. »

Elles acceptent.

Dans les images qui suivent, on voit l'une d'elles tenter des gestes maladroits envers des hommes surpris et offusqués. La seconde n'apparaît pas sur les images.

Puis, on les retrouve tous les trois devant la caméra.

L'animateur à la première :

« Tu en as touché quatre ou cinq, tu y as pris goût. »

Vu sa tête, non. Elle répond en mâchonnant sa gêne :

« Moins que ça, une…

— Toi, un peu moins », reprend Cyril Hanouna en direction de la seconde.

Elle le regarde sans sourire, muette, visage fermé.

Lui-même, mal à l'aise :

« Touche-moi la quéquette, pour toi, c'est gratuit. »

Fin de la séquence.

30

Touche-moi le sexe (2)

7 décembre 2016

On prend le même et on recommence.

Cyril Hanouna se tient debout, au centre du plateau de *TPMP*. À ses côtés se trouve Jean-Luc Lemoine, vieux copain, 46 ans, humoriste talentueux.

C'est lui qui accueille les téléspectateurs :

★

« Pendant la pub, Cyril a des jeux évolués. »

Les images qui suivent viennent d'être enregistrées durant la pause publicitaire. Elles l'ont été à l'insu du public présent, et des autres chroniqueurs.

Le premier plan choisi par le réalisateur est large : la caméra est assez éloignée de ce qu'elle filme. On voit bien les corps, moins bien l'expression des visages.

Cyril Hanouna quitte la place qu'il occupe au centre de la scène. Il s'approche d'une chroniqueuse, assise sur le côté gauche du plateau. Il s'agit de Capucine Anav, 25 ans. Elle s'est fait connaître dans des émissions de téléréalité. Elle participe à *TPMP* depuis le mois de septembre précédent.

L'animateur s'adresse à elle :

« Tu vas fermer les yeux. Je vais te faire toucher une partie de mon corps, tu dois trouver ce que c'est. »

Les gens qui sont proches du couple voient la scène.

Cyril Hanouna prend la main de la jeune femme :

« C'est quoi ?

— Ta poitrine.

— Ouais. Là ?

— Ton bras ?

— Ouais. Là ? »

Elle crie. Cyril Hanouna rit. Une exclamation part du public, certains battent des mains.

Une autre caméra filme maintenant Capucine Anav de face, en plan serré. La chroniqueuse s'est tournée vers sa collègue assise à ses côtés, Isabelle Morini-Bosc, journaliste à RTL.

Celle-ci n'a pas été attentive à la scène. Mais elle a deviné :

« Il t'a mis la main sur le sexe ?

— Comme d'habitude », répond Capucine Anav, l'air las.

*

Retour au direct.

Jean-Luc Lemoine et Cyril Hanouna sont à l'image.

Ce dernier rit très fort. Il est excité. Moqueur, il s'exclame :

« Comme d'habitude, hein ! »

Jean-Luc Lemoine prend la parole :

« Cyril aime bien qu'on lui touche le zizi. Il dit que cela lui porte bonheur, surtout à lui.

— Ah, ah… il est con ce mec. »

Dans son émission, Cyril Hanouna a toujours le dernier mot.

31

La fabrication du scandale

Une telle séquence ne se fabrique pas seule. Il est intéressant d'en retracer processus.

Avant le démarrage de l'émission, Cyril Hanouna informe les personnes qui se trouvent en régie du « gag » qu'il projette. Cela pour être certain qu'une caméra, judicieusement placée, enregistre les images.

« On était plusieurs à trouver ça dangereux, rapporte un témoin. Mais Cyril a toujours eu du mal à comprendre ce qui était acceptable ou pas. »

Une fois la séquence enregistrée, elle est diffusée. Elle aurait pu ne pas l'être. Ceux qui malgré tout décident de le faire, au sein de la maison de production, ont-ils conscience de la violence subie par la chroniqueuse ? Peut-on les tenir pour solidaires d'une action condamnable ?

Ce qui mérite d'être qualifié *a minima* de passivité explique le nombre record de séquences choquantes ou scandaleuses enregistrées sur le plateau de *TPMP*.

C'est elle qui permet à Cyril Hanouna de faire de la télévision de cette manière qui ne peut être qu'unique : disposer des corps, disposer des gens, disposer des réputations.

Non seulement personne ne résiste à ses désirs, mais beaucoup l'accompagnent dans leurs réalisations.

32

« Une famille »

Le tollé est immédiat.

Plusieurs milliers de signalements parviennent en quelques heures au régulateur de l'audiovisuel. Parmi eux, celui de la Fondation des femmes qui dénonce auprès du CSA (Conseil supérieur de l'audiovisuel) « les agissements répétés d'humiliation des femmes et de la banalisation des violences sexuelles dans l'émission *Touche pas à mon poste* ».

Cyril Hanouna répond immédiatement sur les réseaux sociaux :

« Les chéris, on est une famille ! Arrêtons de lire ou d'écouter les procureurs et continuons à nous amuser sans donner des leçons. »

Capucine Anav se joint à lui. Dans son message, elle utilise les mêmes expressions, qui deviennent des « éléments de langage », ce qui témoigne d'une coordination de la parole et dévoile une communication de crise :

« Le terme d'agression sexuelle est inadmissible. *TPMP* est une famille. Continuons à rigoler. Stop aux donneurs de leçons. »

L'inquiétude est d'autant plus grande au sein de la production qu'à peine six semaines plus tôt, une affaire similaire a fait trembler la maison.

33

Jean-Michel Maire, en première ligne

Jeudi 13 octobre 2016

Il est 14 heures.

Cyril Hanouna présente une version spéciale de *TPMP* intitulée « Les 35 heures de Baba ».

Il s'agit d'un marathon télévisuel dont la fin est programmée pour les premières heures de la journée du samedi suivant. Le but est de battre le record du genre, détenu par l'animateur Arthur, avec trente-quatre heures de direct consécutif.

Les séquences s'enchaînent et alternent jusqu'au tout petit matin du vendredi.

Il est environ 1 heure lorsque Soraya Riffy entre sur le plateau.

Elle est danseuse, elle a 21 ans, elle vient de Marseille.

Pourquoi est-elle là ? Parce que, lui a dit la production qui l'a repérée sur Internet, elle ressemble à Kim Kardashian. C'est sa chance.

Au « 35 heures de Baba », on veut reconstituer en direct le cambriolage qui a eu lieu, dix jours plus tôt, dans l'appartement où séjournait l'influenceuse américaine. Elle a été enfermée dans la salle de bains, pendant que les voleurs faisaient leurs affaires, puis a finalement été libérée par un serrurier.

Elle fera Kim, Jean-Michel Maire, chroniqueur, fera le serrurier.

À son entrée sur le plateau, ses seins, mis en valeur par un décolleté, suscitent beaucoup de commentaires. L'ordinaire de *TPMP*. Puis vient le moment de la reconstitution. Elle fait le job, le faux serrurier aussi.

Une fois la parodie terminée, les deux protagonistes se retrouvent assis l'un à côté de l'autre. Jean-Michel Maire réclame un baiser à sa partenaire éphémère. Celle-ci le repousse et, à deux reprises, dit clairement « non ! ».

L'homme éconduit ne l'accepte pas. Porté par un mouvement brusque, il l'embrasse sur les seins, sans son consentement préalable. Brouhaha, rires, une certaine confusion s'installe avant que l'émission poursuive son chemin.

★

Saisine du CSA, bien sûr, notamment par la ministre socialiste des Droits des femmes, Laurence Rossignol. Condamnation du CSA, bien sûr, avec mise en demeure adressée à C8 pour ce geste « donnant une image dégradante des femmes, et manquement aux obligations légales régissant le respect de l'image des femmes ». Condamnation confirmée par le Conseil d'État devant lequel la chaîne a fait appel.

On croit l'affaire terminée. Elle rebondit en janvier 2018.

Soraya Riffy porte plainte, dans un commissariat de Marseille, pour agression sexuelle. Jean-Michel Maire s'étonne car, justement, elle s'était engagée à ne pas intenter d'action après que le chroniqueur lui a présenté des excuses publiques pour son geste déplacé.

Seulement, les excuses n'ont rien calmé.

Depuis cet épisode, Soraya Riffy assure devoir supporter des propos qui l'abaissent et mettent à mal sa dignité, des inconnus l'importunent dans la rue en lui rappelant la séquence télé. Elle dit même avoir reçu des menaces de mort.

Jean-Michel Maire sera entendu par la police dans le cadre de la procédure. Il s'étonnera encore, devant les policiers, que la femme soit revenue sur sa parole, faisant par là même douter de sa prise de conscience de l'impact d'un geste déplacé quand il est public, des réactions qu'il entraîne, qui ne peuvent être ni mesurées, ni anticipées, ni empêchées[1].

---

1. À ce jour, la plainte de Soraya Riffy n'a donné lieu à aucune décision judiciaire, ni renvoi devant un tribunal, ni classement sans suite. J'ai contacté Jean-Michel Maire dans l'espoir de recueillir son témoignage sur cet épisode. Il ne m'a pas répondu.

★

La récidive avec Capucine Anav intervient moins de deux mois après le baiser volé à Soraya Riffy. La première mauvaise expérience n'a donc servi à rien. Elle n'a ni sensibilisé l'animateur qui commet le geste, ni la hiérarchie de l'émission qui le diffuse, alors même qu'il n'était pas produit dans le direct.

La répétition, dans ces conditions, est stupéfiante, inconcevable même dans une structure comme Canal+, qui se dit attentive à la dignité des êtres humains, et même à l'intérieur d'un groupe de presse qui ne peut pas être à ce point indifférent à son image et à sa réputation.

Pour ce qui concerne Capucine Anav, deux précisions doivent être apportées.

Elle a quitté *TPMP* au mois de juin suivant, sans faire de commentaires particuliers.

Elle a refusé de répondre à mes questions.

34

Cyril Hanouna devant la Cour européenne des droits de l'homme

L'affaire Anav suscite une avalanche. Une de plus.

Des milliers de téléspectateurs, des officiels, des responsables d'associations, des gens qui ne comprennent pas, n'acceptent pas, demandent des sanctions.

Le CSA rend son verdict le 7 juin 2017. On y trouve la sempiternelle mise en demeure de C8 mais surtout, une interdiction pour la chaîne de commercialiser les écrans publicitaires liés à *TPMP* pendant quinze jours.

La gifle au portefeuille fait mal. Coût estimé de la mesure : entre 4 et 9 millions d'euros.

*

Ressentie comme plus importante que l'humiliation d'une femme, cette sanction met le groupe Canal en colère. Il dénonce un jugement, « inéquitable et discriminatoire », et porte l'affaire devant le Conseil d'État puis, ce dernier ayant validé la décision du CSA, devant la Cour européenne des droits de l'homme (CEDH).

Voilà donc l'entrée de *TPMP* et de son animateur dans le saint des saints judiciaire, institué en 1950 pour veiller à l'application de la Convention européenne des droits de l'homme sur le continent.

Les juges, qui siègent à Strasbourg, prennent le temps de l'instruction. Ils sont sept, tous étrangers. Ils lisent leurs conclusions devant les parties le 9 février 2023.

#MeToo a déjà quatre ans. Les attendus cinglent :

> La Cour relève que [...] cette séquence portait atteinte à l'image des femmes dans la mesure où elle consistait, dans le cadre d'une relation hiérarchique de travail, en un geste à connotation sexuelle évidente, effectué par un homme sans le consentement explicite de la chroniqueuse, renvoyant, ce faisant, une image stéréotypée et dégradante de la femme [...].
>
> Cette séquence plaçait la personne concernée dans une situation présentée comme habituelle, ce qui tendait à donner de la femme une image [...] la réduisant à un statut d'objet sexuel [...].
>
> À cela s'ajoute la circonstance relevée par le CSA, dans sa décision du 7 juin 2017 et soulignée par le gouvernement dans ses observations, que cette émission rencontre un écho particulier auprès du jeune public, si bien qu'un nombre significatif de mineurs et jeunes adultes s'est ainsi trouvé exposé à des séquences de nature à banaliser la dégradation de l'image des femmes.

*

Pour clair qu'il soit, ce jugement n'aura aucune conséquence.

Le groupe Canal l'enfouira dans ses montagnes de dossiers. Cyril Hanouna poursuivra son œuvre comme si rien n'avait été dit.

Peut-on, au passage, formuler une pensée incongrue ?

Qu'a pensé l'ami Vincent Bolloré de la sentence d'une Cour aussi prestigieuse ? A-t-il médité ce passage qui dénonce l'exemple déplorable donné aux plus jeunes, lui qui paraît soucieux de ce que sera la France demain ?

35

Les enjeux d'une scène

Que dit une scène dans laquelle un homme prend la main d'une femme et la pose sur son sexe ? Quelle est sa signification ? Comment devons-nous l'interpréter ? Faut-il la refuser ? Ou bien peut-elle être considérée comme un jeu, sans conséquences graves, ni pour celle qui la subit, ni pour ceux qui la regardent ?

Pour répondre à ces questions, j'ai sollicité Anaïs Vois, psychologue clinicienne, psychothérapeute et formatrice à l'association Médée. Médée est une association qui accompagne des jeunes femmes victimes de violences et intervient auprès des auteurs de violences conjugales. Spécialisée dans le traitement de la violence et du psychotraumatisme, elle a travaillé auprès « d'adultes, dans des associations d'aide aux victimes, à l'hôpital, auprès des femmes victimes de violences, en prison, etc. ».

Elle dit elle-même s'être formée « à différentes disciplines qui m'ont donné la possibilité de m'outiller pour accompagner l'autre sur le chemin de l'apaisement de ses souffrances. La psychothérapie permet d'offrir à chacun un temps afin d'apprivoiser sa complexité singulière, parfois douloureuse[1] ».

Après avoir visionné la scène qui réunit Cyril Hanouna et Capucine Anav, elle a apporté ces réponses, tirées de son expérience.

★

Peut-on caractériser cette scène comme une agression sexuelle ?

C'est une question juridique et je ne suis pas juriste de formation.

Néanmoins, nul n'est censé ignorer la loi et le Code pénal définit l'agression sexuelle de la manière suivante : « Art. 222-22 : Constitue une agression sexuelle toute atteinte sexuelle commise avec violence, contrainte, menace ou surprise ou, dans les cas prévus par la loi, commise sur un mineur par un majeur. »

Il semblerait que la jeune femme ait été surprise de toucher le sexe de Cyril Hanouna, ce qui pourrait donc permettre de qualifier cet acte d'agression sexuelle. Le plus problématique dans cette séquence, c'est la

1. Site officiel d'Anaïs Vois, psychologue clinicienne, psychothérapeute.

banalisation d'un tel acte aux yeux du public. Cette normalisation, sous couvert du jeu, de l'agression sexuelle envoie un message : « Agresser sexuellement une femme est ludique, ce n'est pas grave et c'est sans conséquence. »

De telles scènes télévisuelles augmentent le seuil de tolérance à la violence de chacun. Chez les agresseurs, mais aussi chez celles qui subissent ainsi que chez ceux qui regardent et pourraient peut-être un jour agresser ou subir. Les femmes victimes de violences intègrent par ce biais qu'il est « normal » de subir des agressions sexuelles. Leur souffrance, souvent dissimulée par la honte et la culpabilité, trouve une raison supplémentaire de rester cachée. Elles se taisent. Et ce type de message grand public favorise la silenciation des victimes de violences sexuelles

Du côté des agresseurs, cela minimise leur capacité à identifier leurs transgressions ou, pire, cela les conforte dans leurs agissements.

La fonction des lois est de protéger les individus qui composent la société. S'il existe une loi interdisant l'agression sexuelle, c'est que celle-ci a été communément identifiée comme un danger pour l'individu, et la société. Offrir une agression sexuelle en direct à la télé, c'est transgresser la loi et mettre en péril aussi bien l'individu que la société. Tolérer une telle exposition, c'est cautionner la violence, tant celle que contient cette séquence que celle déjà agissante dans la société. C'est donc participer à la fragilisation du lien social en amenuisant les remparts contre la violence.

Les protagonistes – Cyril Hanouna et Capucine Anav – l'ont présenté comme un jeu et ont dénoncé une exagération des critiques.

Cette défense est-elle courante dans ce genre de situation ?

Ce genre de situation n'est pas courant.

En dehors du jeu télévisuel, les victimes d'agressions sexuelles peuvent minimiser les violences subies. Ce peut être parce que leur seuil de tolérance à la violence a été augmenté par des violences subies antérieurement. Elles ont vécu pire, ou autre chose. Elles peuvent avoir été traumatisées précédemment et développer une auto-anesthésie émotionnelle. Elles peuvent ne pas identifier, minimiser, dénier, refouler, etc.

Autant de mécanismes de défenses visant à les protéger psychiquement de l'effraction sexuelle subie. Les potentiels traumas engendrés par les violences sexuelles sont chevillés au sentiment de honte. Banaliser l'acte, c'est tenter parfois de se sortir de la honte. C'est un mécanisme de défense psychologique intrinsèquement lié à l'inscription du sujet dans le lien social.

« Si je ressens de la honte, c'est que je suis inscrite dans ce lien. Je peux alors minimiser et banaliser l'agression pour tenter d'y rester. »

Chez les agresseurs, la minimisation est monnaie courante. Il s'agit alors de se défendre de toute culpabilité. Si je minimise, ce que j'ai fait n'est pas grave, je n'ai donc pas à me sentir coupable. Et je n'ai pas à assumer les conséquences de mes actes, tant au niveau psychique que dans la réalité.

Souvent, les agresseurs, ceux qui ont recours au passage à l'acte violent, sont fragiles. Ils projettent, nient, minimisent tout ce qui pourrait les amener à bousculer leur équilibre psychique interne précaire.

En d'autres termes, l'acte violent démontre une fragilité psychique. Je passe à l'acte car je n'ai pas accès à mes ressources internes, celles qui me permettent de penser ce que je fais. Cette manière de faire vise souvent à éviter un effondrement psychique. En bref, j'agresse, je détruis l'autre pour ne pas me détruire. Parfois, cela peut s'accompagner d'une jouissance sadique.

Cela peut également témoigner d'un fort vécu d'impuissance. Je peux, par exemple, agresser, contrôler l'autre, le mettre sous emprise car j'ai un sentiment d'insécurité interne profond chevillé au corps. Je reprends alors, au niveau fantasmatique ou réel, le contrôle, le pouvoir pour lutter inconsciemment contre ce sentiment. Sans cela, je risquerais de m'effondrer. Ces défenses sont solides et permettent au sujet de se maintenir dans la société.

D'autre part, l'utilisation d'un argumentaire fondé sur « l'humour » est fréquemment observée dans les situations de harcèlement sexuel au travail.

Les dynamiques groupales, et les enjeux psychiques qui s'y déploient, résonnent avec les angoisses infantiles présentes en chacun. Vais-je être exclu si je ne joue pas ? Dois-je me plier au jeu pour éviter une violence que je considérerais comme plus grave encore ? Que m'arrivera-t-il si je dénonce ce qui me fait violence ? Vais-je être rejeté, abandonné, humilié ?

Cette logique de la peur résonne très fortement en nous, car elle parle à l'enfant que nous avons tous été un jour. Elle peut nous maintenir dans l'impuissance, dans la sidération, dans l'évitement. Pour certains, se vivre comme évincé du groupe, voire cantonné au banc des pestiférés, est trop dangereux. Mieux vaut subir, voire participer pour échapper de manière illusoire au ressenti d'impuissance, de rejet, d'exclusion. Il y a alors un potentiel risque à terme de décompensation, d'effondrement psychologique tant les barrières qui maintenaient le barrage hydraulique de la vie psychique interne auront été usées par la répétition des agressions (verbales, physiques, sexuelles).

Ce type de scène peut-il être défini comme tout le temps traumatisant pour la femme qui l'a subi ?

Non. Il faut distinguer trauma et psychotraumatisme.

Un trauma fait effraction au sein même de l'appareil psychique par sa violence, son caractère imprévu et l'état de choc qu'il provoque.

Le psychotraumatisme, lui, concerne la réaction de l'appareil psychique au trauma. Tout comme il n'y a pas deux individus pareils, il n'y a pas deux espaces psychiques identiques. Tout individu ne développera pas un psychotraumatisme au contact d'un trauma. Cela signifie-t-il pour autant que le trauma n'a pas eu lieu ? Seuls les sujets concernés connaissent la réponse.

En revanche, une agression sexuelle est une effraction physique et psychique dont les femmes sont très souvent les victimes. Il ne faut pas minimiser le legs des millénaires d'une société patriarcale et sexiste. Ces sociétés inégalitaires entre les femmes et les hommes ont considérablement augmenté le seuil de tolérance à la violence des hommes envers les femmes. Les femmes se sont habituées, les hommes aussi.

Le déni est-il une attitude de protection personnelle ?

Le déni peut être un mécanisme de défense (une protection personnelle) visant à, dans un mouvement paradoxal, reconnaître sans reconnaître une portion de la réalité. L'événement dénié n'est ni refoulé (éjecté hors du conscient) ni oublié ni absent de la psyché. Il existe et n'existe pas dans le même mouvement. La réalité est connue mais inacceptable pour l'équilibre du sujet. Elle peut être alors déniée. Elle est là sans être là, ce qui la rend supportable. Ce mécanisme peut-être également utilisé sciemment dans des stratégies manipulatrices.

À quoi s'engage une femme qui est impliquée dans une telle scène si elle reconnaît l'agression ?

Seule cette femme peut répondre à cette question, si toutefois elle en est consciente.

36

Jean-Luc Lemoine, dix ans plus tard

Le temps qui passe modifie-t-il le regard et les sentiments sur les situations vécues ?

Le rôle que joue l'humoriste Jean-Luc Lemoine lors de la scène de l'agression de la jeune femme est important. Si lui-même ne commet rien de répréhensible, le détachement avec lequel il présente l'action avant sa diffusion installe un climat propice à la banalisation de l'acte. Et le ton de l'humour, qu'il légitime par son statut, rend presque impossible les remarques ou les indignations des autres personnes présentes sur le plateau.

Interroger Jean-Luc Lemoine dix ans après n'a pas pour but de le plonger dans l'embarras. Il s'agit plutôt de lui fournir l'occasion d'une explication pour son attitude de l'époque, et de mesurer aussi l'existence ou non d'une prise de conscience de la violence subie publiquement par une femme.

⋆

Voici les questions que je lui ai adressées, après avoir enregistré le refus d'une rencontre que je lui proposais.

1. Vous présentez en plateau la fameuse séquence controversée au cours de laquelle Cyril Hanouna pose la main de Capucine Anav sur son sexe. Avec le recul (décembre 2016), que pensez-vous de cette séquence ?
2. Regrettez-vous d'y avoir été associé ?
3. Avez-vous eu le sentiment d'avoir été piégé ?
4. Comprenez-vous l'émoi qu'elle a suscité et la condamnation qu'elle a entraînée de la part du CSA ?

Jean-Luc Lemoine n'a pas donné suite à ces demandes, ni même accusé réception du message.

*

Ce silence, additionné à tous les autres, renforce le caractère singulier des émotions produites par *TPMP* sur ceux qui y ont participé. En parler est difficile, pratiquement honteux. Mieux vaut donc éconduire, ignorer, ne pas remuer les souvenirs, même pas les bons, car ce qui domine, finalement, ne l'est pas.

37

La violence faite à une femme

Comment doit réagir un homme quand il voit un autre homme humilier une femme sous ses yeux ? Intervenir, et prendre un risque ? Ou bien ne rien dire, en attendant que l'orage passe ?

La question est théorique. *TPMP* est une mine de cas pratiques.

*

Mercredi 30 mars 2022

L'émission accueille Fabien Roussel, candidat du Parti communiste à l'élection présidentielle dont le premier tour aura lieu dans quelques jours, le 10 avril.

Pourquoi lui, qui plafonne dans les sondages à 1,5 % des intentions de vote ? Pourquoi lui, à ce moment-là ?

Une rumeur circulaire hante les couloirs. Elle suggère que l'ascension de Jean-Luc Mélenchon inquiète en haut lieu. Il faudrait donc tenter de lui couper les pattes. Personne, cependant, n'assure que c'est la vérité.

Fabien Roussel entre sur le plateau.

Cyril Hanouna :

« Fabien, je ne fais pas de politique, mais je vous aime bien. Franchement, à la télé, vous êtes exceptionnel. »

Un communiste accueilli ainsi au cœur de l'Empire, c'est historique.

« On a fait "Face à Baba" la dernière fois, on s'est régalés. On est d'accord avec vous ou pas, mais vous vous exprimez très bien, on vous écoute, vous accrochez. »

Fabien Roussel hoche la tête. Étonné. Content quand même.

« Pour moi, vous êtes la révélation de cette élection présidentielle. Moi, si j'étais le prochain président, quel qu'il soit, je vous nommerais ministre.

— Merci pour vos mots, monsieur Hanouna, voilà, merci. »

Ses yeux se plissent sous l'émotion. Le manque d'habitude.

La discussion démarre dans cette humeur plaisante.

Il est question du meeting qu'Éric Zemmour a tenu place du Trocadéro, à Paris, le dimanche précédent. Une partie de la foule a scandé : « Macron assassin », en référence à des faits divers survenus les jours précédents.

Le candidat Zemmour a assuré ne pas avoir étendu les cris, qui ont choqué les observateurs.

Le plateau s'interroge : « Les partisans d'Éric Zemmour sont-ils des fachos ? »

Un chroniqueur assure que oui, d'autres plutôt que non.

Fabien Roussel sait l'ancien journaliste en cour ici. Il suggère prudemment que la colère leur a fait dire n'importe quoi. Il ne faut pas leur en vouloir.

Cyril Hanouna valide :

« C'est bien ce que dit Fabien Roussel, je suis d'accord. »

Il regarde autour de lui pour s'assurer que tout le monde a compris : la ligne vient d'être fixée.

⋆

Où donc avait la tête Géraldine Maillet ? Elle choisit ce moment pour tout fracasser.

Il faut, en quelques mots, présenter la chroniqueuse.

Elle a 50 ans, et connu beaucoup d'expériences professionnelles avant d'atterrir sur le plateau. Elle a fait du mannequinat, écrit des livres, réalisé des documentaires. Elle est amie avec l'actrice Julie Gayet, s'affiche plutôt macroniste, aime le football.

Un jour, c'était en septembre 2016, date de sa première saison dans *TPMP*, elle a offert un livre à Cyril Hanouna. « Pour vous réconcilier avec la lecture », lui a-t-elle dit.

C'est une femme de tête, elle aime donner son avis.

Elle énerve Cyril Hanouna, souvent, qui la rabroue, l'agresse, l'humilie.

Elle supporte. Pourquoi ? C'est son secret.

Sur Éric Zemmour, elle rappelle un souvenir, ce meeting de lancement du candidat, en décembre 2021 :

« Les saluts nazis à Villepinte, ça, c'étaient quand même des fachos. »

Le temps s'interrompt et s'accélère à la fois. Tous les participants ont saisi la transgression. L'animateur part au quart de tour :

« Géraldine Maillet, on a en a marre des donneurs de leçons, vous êtes une donneuse de leçons.

— Mais en quoi c'est donneur de leçons ? Vous aimez les saluts nazis ? »

Fabien Roussel, dans un moment de chevalerie, vient à son secours :

« C'est extrêmement grave, Géraldine. Vous avez raison.

— Merci, monsieur Roussel. »

Cyril Hanouna n'a entendu ni l'un ni l'autre. Il est dans son couloir :

« Excusez-moi, Géraldine Maillet, ce n'est pas le sujet, vous êtes encore hors sujet.

— Pas du tout.

— Les donneurs de leçons comme vous qui vont dire aux Français : il faut voter pour untel…

— Ben non…

— Je vais vous dire, respectez les Français.

— Mais respectez-les aussi.

— Mais arrêtez ! Laissez parler ! Vous fatiguez tout le monde, vous êtes insupportable !

— Bon, eh bien je me tais alors.

— Je vous le dis, vous êtes insupportable, Géraldine, tout le monde le dit. »

Le réalisateur capte Fabien Roussel.

Il ne s'en mêle pas. Il a détourné la tête, littéralement, il regarde vers sa droite, c'est-à-dire à l'opposé de la scène qui se déroule sur le plateau.

La femme se fait tailler en charpie ? Il donne le sentiment de ne rien pouvoir pour elle.

Le patron sulfate :

« Arrêtez Géraldine de dire aux Français : il faut faire ceci ou cela. Les Français font ce qu'ils veulent. Les Français, ils ne sont pas comme vous, Géraldine, avec un salaire confortable, avec une très belle vie. »

La caméra se pose sur elle. Elle est décontenancée :

« Vous ne connaissez pas ma vie.

— Il y a des Français qui souffrent énormément et moi, je sais ce que vous gagnez ici. »

Élégant.

« Bon, je me tais alors, je vais même partir. »

Géraldine Maillet tend la main vers une trousse d'écolier colorée posée sur sa gauche. Elle met un stylo à l'intérieur.

Le patron sulfate encore :

« Les Français, ils votent pour qui ils veulent. Moi, j'en ai marre des donneurs de leçons comme vous qui disent il faut penser ça.

— Mais vous donnez des leçons aussi en disant ça. »

Le patron se perd :

« Il faut se faire vacciner parce qu'untel l'a dit, il faut faire ça, il faut porter le masque… Les moutons, je n'en peux plus. »

Le plateau est groggy. Les combattants sont fatigués. Le malaise est général.

« On va laisser parler M. Roussel, ce sera plus intéressant. »

Une manière comme une autre de lui demander de se taire.

38

Fabien Roussel, plus tard

Printemps 2025

Fabien Roussel est né en 1969. Il dirige le Parti communiste depuis 2018. Lors du premier tour de l'élection présidentielle de 2022, il a rallié 802 000 voix sur son nom, soit 2,28 % des suffrages exprimés.

Il assume son passage à *TPMP* pendant la campagne électorale :

« Pour moi, c'était l'occasion de parler à un électorat qui s'intéresse d'assez loin à la politique et qui pouvait être sensible à certaines de nos propositions. Donc, oui, j'assume[1]. »

Il se souvient de l'accueil de Cyril Hanouna :

« Quand je suis arrivé, il m'a pris dans ses bras, alors qu'on ne s'était pratiquement jamais vus avant. C'était curieux. »

1. Entretien avec Fabien Roussel, 12 juin 2025.

Puisqu'il est disposé au dialogue, allons-y :

« Si l'émission présentait un intérêt du point de vue électoral, ce qui est compréhensible, le passé de l'animateur, ses émissions sanctionnées pour atteinte à la dignité des femmes, homophobie, etc., ce n'était pas un problème pour vous ? »

Un court silence s'installe. Puis, il reprend :

« Atteinte à la dignité des femmes ? De quoi parlez-vous ?

— Une séquence sur le plateau de *TPMP* en 2015, sanction de l'Arcom, confirmée par le Conseil d'État en 2017, puis par la CEDH en 2023. Vous ne le saviez pas ?

— Non, vous me l'apprenez.

— Vos collaborateurs ne vous ont rien dit au moment de l'invitation de toutes les mises en garde ou sanctions dont il avait été l'objet auparavant ?

— Non, à aucun moment. Sur les questions de dignité, je suis dans un parti féministe, très vigilant sur le sujet. Si je l'avais su, ma décision de participer à l'émission aurait été différente. »

Sur place, Fabien Roussel a été témoin de la violence avec laquelle Cyril Hanouna s'adresse à Géraldine Maillet, au point que la chroniqueuse envisage de quitter le plateau, humiliée par son patron.

« Vous vous souvenez de cet épisode ?

— Oui, parfaitement. J'ai été choqué.

— Vous n'avez rien dit, vous avez laissé faire.

— Je me suis posé la question d'intervenir. J'étais très mal à l'aise. Ça monte, ça dure plusieurs minutes. Je m'interroge pour prendre la défense de Géraldine Maillet. Et quand je suis au bord de le faire, ça s'est arrêté.

— Vous regrettez de n'avoir rien dit ?

— Quand je suis sorti du plateau, j'en ai tout de suite parlé avec mon équipe. Nous étions tous choqués. Puis, ceux qui connaissaient l'émission ont dit que c'était scénarisé entre eux, que ça faisait partie du jeu, que c'était aussi l'une des raisons du succès.

— Même si c'était le cas, est-ce acceptable de donner ce spectacle à ceux qui regardent ?

— Évidemment, non. C'est grave. J'ai détesté ce moment. »

39

Un slip et des nouilles

Voilà sans doute l'une des séquences les plus populaires dans la longue histoire de *TPMP*, à coup sûr l'une de celles qui a fondé la réputation de l'émission.

⋆

Mercredi 20 janvier 2016

La scène compte trois personnages : l'animateur, un chroniqueur, un invité.

Le chroniqueur s'appelle Matthieu Delormeau. Il a rejoint la bande au mois de septembre 2015. Tout de suite, il est devenu le souffre-douleur de l'équipe.

Il est beau, pas beau gosse, beau, garçon de magazine, visage carré, abdos apparents.

L'un des combats de sa vie, c'est de montrer que si la tête est bien dessinée, elle est aussi bien faite.

Cela lui donne une allure vaniteuse, alors il commet des maladresses avec sa fierté un peu raide.

On comprend qu'il trimbale des tonnes d'incertitudes dans son cartable.

Et les lascars du plateau l'ont senti. Ils en profitent.

Au moment du récit, Matthieu Delormeau a 41 ans. Ce n'est plus un enfant. C'est un homme.

L'invité s'appelle Stéphane Rotenberg. Il a 48 ans. Il est connu car il anime des émissions populaires sur M6 comme *Top Chef*, ou *Pékin Express*. Il a un air de gentil garçon. Probablement l'est-il.

Un jeu est organisé. Les chroniqueurs répondent à des questions. La règle : une erreur, un gage.

Matthieu Delormeau se trompe. Un gage.

La sanction est décidée par l'animateur. Lui seul peut la définir. Elle doit répondre à plusieurs critères : créer le spectacle ; susciter le scandale ; entretenir l'image et l'idée d'une émission différente.

Un assistant entre sur le plateau. Il a dans ses mains un bol de nouilles préalablement cuites.

« On va te mettre des nouilles dans le caleçon », annonce le meneur de jeu.

Matthieu Delormeau refuse :

« Non, non, ne faites pas cela. »

Exprime-t-il un refus convaincu ou entre-t-il dans le jeu ? De toute façon, avant même d'avoir commencé, la scène apparaît dégradante par la mise en jeu de l'intégrité physique, et aussi à cause de la perversité qui luit dans le regard de celui qui a imaginé le dénouement.

Le bol est dans les mains de Stéphane Rotenberg. Il attend.

Contraint par la mécanique d'une émission qui ne doit pas connaître de temps mort, défaillant devant une assemblée qui ne lui manifeste aucun soutien, Matthieu Delormeau cède, défait son pantalon et rend accessible son caleçon, en direct, devant du public, face à des caméras qui tournent.

Secondé par Cyril Hanouna, l'invité verse le contenu du bol là où on lui a demandé de le faire.

Les nouilles collées aux fesses, Matthieu Delormeau hésite. Doit-il sortir pour se défaire du fardeau ? Doit-il rester pour participer à la suite de l'émission ?

Cyril Hanouna tranche la question.

Il lui intime de retourner autour de la table, et de s'asseoir à sa place, sur son tabouret. Stéphane Rotenberg le raccompagne. Il passe son bras autour de ses épaules. Il a l'air protecteur, après avoir accompli le geste avilissant.

Pendant ce temps, Cyril Hanouna s'est penché sur son pupitre. Il rit très fort, trop peut-être.

40

Une chronique comme une gifle

Sur le moment, l'épisode des nouilles ne fait pas beaucoup de bruit, même si, comme souvent, le CSA s'est saisi de la séquence. Beaucoup de gens se sont habitués à la vulgarité ambiante qui est celle de *TPMP*.

Mais un homme ne digère pas le bol. C'est un observateur professionnel des médias. Il délivre chaque jour une chronique sur la télé dans l'émission de Sonia Devillers, *L'Instant M*, diffusée sur France Inter.

Il s'appelle Bruno Donnet.

« J'avais repéré depuis septembre le comportement récurrent d'Hanouna vis-à-vis de Matthieu Delormeau, qui venait de rentrer dans la bande, raconte-t-il aujourd'hui. J'avais déjà eu envie de l'épingler et je n'avais pas vraiment trouvé l'occasion. Quand j'ai vu les nouilles, je me suis dit que ce n'était plus possible[1]. »

⋆

1. Entretien avec Bruno Donnet, le 27 mai 2025.

1er février 2016, sur France Inter

« Il y a dans l'équipe de *TPMP* un garçon qui est devenu le souffre-douleur de tous les autres. Il s'appelle Matthieu Delormeau. Il a rejoint l'équipe en septembre dernier et depuis cette date, il ne cesse de se faire sadiser. »

Après quelques rappels de faits passés, Bruno Donnet décrit la scène des nouilles. Il la qualifie de « sans précédent dans l'histoire de l'abjection à la télévision ».

Deux extraits sonores établissent le refus de Matthieu Delormeau à la perspective de son supplice.

Bruno Donnet poursuit :

« Pour quelle raison cette séquence-là est-elle problématique ? Elle pose problème parce qu'elle normalise ce qui ne l'est pas. Humilier quelqu'un, le harceler au travail, c'est interdit par la loi. Bizuter un camarade à l'école, c'est pareil. Pourquoi ? Parce que c'est abject et destructeur pour celui qui le subit. Parce que la télé, qui doit avoir un rôle d'exemplarité, ne devrait pas pouvoir se permettre de se vautrer dans ce genre de bassesses [...].

Mais l'audience vous protège de tout, y compris du devoir de ne pas dépasser les bornes. Hanouna est un énorme pourvoyeur d'audience pour D8, et donc personne n'a le courage de lui dire que ce qu'il fait à Delormeau est immonde. »

*

Pour le chroniqueur de France Inter, tout y est : le harcèlement, la violence, l'ignorance du consentement, la tolérance de l'humiliation au nom du succès.

Le contraire de ce que la société enseigne.

41

La réponse du chef

C'est la première fois que le maître de *TPMP* est mis en cause de manière aussi directe. Personne jusque-là n'avait osé pointer la dérive visible d'un homme, publiquement livré à ses mauvais penchant.

Des amis, des collaborateurs ou des supérieurs auraient pu profiter de la circonstance pour le mettre en garde. Personne n'a pu, su ou osé.

Le soir même, dans son émission, Cyril Hanouna contre-attaque :

« Je ne sais pas qui est cette personne. Lui et ceux qui critiquent sont déconnectés de la réalité. Ils n'ont pas compris qu'il faut qu'ils sortent un peu, qu'ils aillent voir des gens, qu'ils arrêtent de rester entre eux. Ils ne comprennent pas que les jeunes aujourd'hui, ils ne font que se charrier, s'amuser, se vanner. »

*

Le déni est spectaculaire. Il constitue, chez lui, toujours, sa première défense.

Il y a aussi une contre-vérité :

« Je ne sais pas qui est cette personne… »

Bruno Donnet, dix ans plus tard :

« On ne se connaissait pas, mais il savait qui j'étais. Nous avions été pendant un an au même moment sur Europe 1. Avant cela, j'avais travaillé au *Grand Journal* de Canal+. Quant à la chronique dans l'émission média de France Inter, il savait très bien qui la faisait. Mais il agit toujours comme ça. C'est sa manière de rabaisser les autres. Du classique chez lui. »

42

Delormeau, le souffre-douleur

Il faut dire un mot de Matthieu Delormeau, qui tient une place particulière dans la cohorte des chroniqueurs de *TPMP*.

Au début de sa vie, il était analyste financier. Mais ses rêves l'emmenaient ailleurs.

De rencontres en connaissances, il arrive sur le plateau de Cyril Hanouna en septembre 2015.

Assez vite, le patron joue avec lui comme il ne joue pas tout à fait avec les autres.

Il lui fait d'abord croire, au prix d'une mystification sommaire, que sa Smart a été écrabouillée sur le parking. Son désarroi ravit le plateau, en harmonie avec le penchant de l'animateur.

Puis arrive, quatre mois après son intégration dans l'équipe, l'épisode des nouilles.

*

Septembre 2016. Lors d'une discussion décousue dont *TPMP* a le secret, Matthieu Delormeau démolit le naturisme en trois coups de hache :

« Ce sont toujours les gens moches qui sont nus sur les plages. »

Il ajoute cette conclusion philosophique :

« La beauté rend pudique. »

La Fédération française du naturisme prend la mouche. Elle réclame un droit de réponse. Cyril Hanouna accepte et invite « Yves » sur le plateau, un adepte du bronzage intégral. En même temps, il exige de Matthieu Delormeau, qui déteste le naturisme, qu'il soit nu aux côtés de celui qui le pratique.

« Ils l'ont pilonné pendant deux heures avant l'émission pour qu'il accepte de se montrer nu, raconte un ami du chroniqueur. Ils l'ont menacé de l'éjecter de l'émission s'il ne se pliait pas à leur demande. Il a accepté. Il a vécu ça comme une humiliation. »

★

16 septembre 2016

Les images montrent Matthieu Delormeau, émergeant nu des coulisses avec un inconnu également déshabillé. Ce dernier cache son sexe avec un chapeau, tandis que le chroniqueur tient deux chapeaux, un devant un derrière.

Sa mine est renfrognée, sa mauvaise humeur audible. Tout cela décuple le rire chez Cyril Hanouna, que la scène amuse follement.

Mais le pire est encore à venir.

★

En novembre 2016, sous le couvert d'un scénario sadique filmé au moyen d'une caméra cachée, Cyril Hanouna convainc Matthieu Delormeau qu'il a mis en danger la vie d'un homme.

Persuadé pendant une longue nuit, puis encore pendant la journée qui suit, d'avoir une tentative d'homicide involontaire sur les bras, le chroniqueur, ravagé par l'angoisse, contacte l'avocat Éric Dupond-Moretti, futur ministre de la Justice, pour l'aider dans cette mauvaise passe. Quand finalement il est libéré de son tourment par celui-là même qui l'a tourmenté, il fond en larmes devant les caméras sur le plateau.

L'accueil de ce bluff par le public est largement négatif. Même les plus fervents de *TPMP* déplorent la « méchanceté » » de la démarche sur les réseaux sociaux.

Souvent dénigré, parfois insulté, Matthieu Delormeau disparaît par périodes, notamment sur les conseils de ses proches, mais il finit toujours par revenir sur le lieu de ses souffrances, attiré encore par la chaleur trompeuse des projecteurs.

43

Stéphane Rotenberg, dix ans plus tard

Un ami de Matthieu Delormeau m'a mis sur la piste. Lors d'une conversation, il m'a dit :

« Stéphane Rotenberg est passé entre les gouttes. Personne ne lui a jamais demandé pourquoi il avait accepté de participer à cette humiliation. »

Autant rompre le suspense : Stéphane Rotenberg n'a pas répondu à ma sollicitation. Sa position dans cette scène est évidemment celle du complice. C'est lui qui souille le corps d'un autre, sans autre but que celui de faire rire à ses dépens.

Toutefois, plusieurs questions mériteraient d'être éclaircies pour cerner les responsabilités et comprendre le mode de fonctionnement de Cyril Hanouna.

*

Si Stéphane Rotenberg se trouve sur le plateau de *TPMP* ce soir-là, c'est pour assurer la promotion de ses émissions sur M6. Pratique courante, sa notoriété et son capital de sympathie auprès du public bénéficient à l'émission.

Le voilà pourtant pris dans une histoire qui ne lui ressemble pas.

A-t-il été informé au préalable par Cyril Hanouna du « gag » qu'il projetait ?

L'hypothèse est peu probable, la plupart des chroniqueurs découvrant eux-mêmes le plus souvent les invités et les contours de *TPMP* au fur et à mesure de son déroulement.

Si l'on reste pratique, voici le moment où le bol de nouilles approche. Qu'a-t-il pensé ? A-t-il imaginé refuser de se prêter à ce jeu sordide ? À moins qu'il l'ait trouvé lui-même amusant ?

A-t-il ensuite compris la polémique ? Regretté sa participation ? Présenté des excuses à Matthieu Delormeau ? Ou serait-il prêt à recommencer, au motif que finalement, tout cela était bien amusant ?

*

Poser ces questions aujourd'hui ne répare rien de ce qui s'est passé hier. Le but est différent.

D'abord, elles permettent d'établir la notion de responsabilité. Des gestes publics engagent leurs auteurs devant le public.

Les assumer ou les regretter avec le recul a du sens. Cela nous renseigne sur ce que nous sommes prêts à accepter aujourd'hui, ou sur ce que nous sommes décidés à refuser.

Enfin, dernier point, pas forcément le moins important, parler aujourd'hui de tout cela, c'est aussi s'adresser à l'homme qui pense que tout lui est possible, y compris ce qui blesse et dévalorise l'autre.

Stéphane Rotenberg a fait le choix du silence. C'est son droit. Malgré tout, ne rien dire, c'est parler quand même.

On devine la honte qui rôde d'avoir collaboré à une action exemplaire de ce qu'il n'aurait pas fallu faire.

44

Ségolène Royal, payée par Cyril Hanouna

Au mercato télé de la rentrée 2023, *TPMP* décroche un premier rôle.

Ségolène Royal, parvenue aux portes de l'Élysée en 2007, mais empêchée d'y entrer par Nicolas Sarkozy, rejoint l'émission de Cyril Hanouna.

Pour faire quoi ? Elle l'explique dans *Le Parisien* :

« Je ne serai pas chroniqueuse comme j'ai pu le lire. J'interviendrai dans une séquence intitulée "Ségolène explique". Je donnerai des clés pour comprendre l'actualité, accompagner les gens dans leurs réflexions. J'expliquerai par exemple ce qu'est un 49.3, comment se fixe le prix de l'électricité, quel est le statut de la police, etc. »

Elle sera payée pour cela, Cyril Hanouna le confirme lui-même :

« Ça doit être comme tous les chroniqueurs, c'est une fourchette entre 300 et 500 euros par émission. »

Pas cher payée pour une collaboratrice de ce calibre, et beaucoup moins que les autres participants de l'émission. Qu'importe, concentrons-nous sur l'essentiel : Ségolène Royal sera rémunérée pour intervenir dans l'émission.

*

Quand il est rendu public, ce recrutement surprend. Les critiques sont nombreuses. L'ancienne candidate à l'élection présidentielle s'en moque. Elle a raison.

Un responsable politique est un citoyen qui, durant un temps de sa vie, met ses compétences au service de tous. Quand il n'a plus de mandat, pas de fonction, il peut bien, si ça lui chante, participer à une émission de télévision.

*

S'agissant de Ségolène Royal, la question de sa collaboration avec Cyril Hanouna doit être posée différemment.

À l'automne qui précède, automne 2022 donc, l'animateur de *TPMP* a accumulé les exploits, allongeant ainsi la liste de ses tours de force.

Le 5 octobre 2022, il insulte la maire de Paris, Anne Hidalgo.

Quelques jours plus tôt, celle-ci a fait connaître sa décision de ne pas installer de fan-zones dans sa ville lors de la Coupe du monde de football, programmée pour décembre au Qatar.

Colère incontrôlée de Cyril Hanouna :

« Elle ne veut pas mettre d'écrans géants. Mais qui elle va pénaliser ? Les Français qui ne verront pas les matchs et les joueurs. […] Quelle hypocrisie, non mais sans déconner… Elle [Hidalgo] ne va pas fermer sa gueule ! […] Et les maires [dans les arrondissements] disent : "On va pas mettre d'écrans géants." Fermez vos gueules ! Bande d'abrutis ! » Pour conclure : « Hidalgo ferait mieux de chasser les rats la nuit plutôt que de dire des conneries ! »

Saisine de l'Arcom par la maire elle-même, amende (300 000 euros, ramenée à 150 000 euros par le Conseil d'État) : la totale.

Quinze jours après voici le commentaire multi-condamné sur l'affaire Lola : justice expéditive, suppression des avocats, condamnation malgré la folie.

Début novembre, c'est : « T'es une merde », lancé à au député Louis Boyard.

⋆

Comment Ségolène Royal peut-elle envisager de se faire payer par quelqu'un qui bafoue, piétine, ruine les valeurs et les principes qu'elle a passé sa vie à promouvoir et à défendre ?

Pour ne prendre que les insultes, elle-même en a reçu tant dans sa vie publique, et de toutes natures, souvent liées à son sexe, qu'elle ne devrait même pas s'approcher de cet homme qui les profère.

Et pourtant, elle le fait. La voici, régulièrement présente sur le plateau de *TPMP*, pour présenter sa chronique : « Ségolène explique ».

*

Cette contradiction mérite d'être exposée à celle qui lui a donné vie, pour qu'elle s'en explique.

J'ai d'abord adressé un SMS à Ségolène Royal. Le propos était général :

« Je prépare un livre sur Cyril Hanouna, je serais heureux de pouvoir en parler avec vous. »

Il est resté sans réponse.

Je l'ai ensuite appelée. Une messagerie vocale a accueilli mon message. Sans retour.

Enfin, j'ai à nouveau rédigé un SMS. Complet celui-ci :

« Quelques mois avant votre collaboration, Cyril Hanouna a insulté publiquement la maire de Paris, puis un député et, dans la même période, tenu des propos très graves sur le fonctionnement de la justice.

Malgré cela, vous acceptez de travailler avec lui. N'est-ce pas une contradiction avec plusieurs des combats de votre vie publique ?

N'avez-vous pas eu le sentiment d'apporter à un animateur controversé pour les faits évoqués la crédibilité de votre parcours politique ? »

Toujours rien.

Cette ruine de ses propres combats ne rend pas Ségolène Royal loquace.

45

« Ségolène explique »

Puisqu'il a existé, regardons le travail fourni par l'ancienne candidate à l'élection présidentielle à partir de septembre 2023.

Chaque semaine, pédagogue austère et concentrée, elle explique à une classe moyennement concernée les mécanismes de formation du prix des carburants, du prix de l'électricité, les fichés S, le réchauffement climatique, etc.

Un soir, l'actualité le justifiant, elle évoque le harcèlement en milieu scolaire. Elle aurait pu faire venir des chroniqueurs au tableau. Ils auraient évoqué leur vécu. Elle ne l'a pas fait.

⋆

Le chroniqueur Daniel Schneidermann a repéré dans la période une prestation, qu'il a racontée dans les pages de *Libération*.

Début février 2024

Des militants écologistes ayant aspergé de soupe la Joconde, exposée au Louvre, Ségolène Royal entreprend un cours de l'histoire de l'art.

Premier thème, en évoquant l'œuvre et son auteur :

« Vinci est la ville natale de Léonard de Vinci, en Italie.

C. H. : Je croyais qu'il était né dans un parking.

S. R. : *La Joconde* est une peinture à l'huile sur bois.

C. H. : Une peinture à l'huile, comme le thon.

S. R. : Il n'avait jamais fait d'études. Et il a fait des maquettes de parachutes, de vélo, des maquettes d'avions...

C. H. : Il n'était pas chez Mondial maquettes ? »

Le reste à l'avenant, pendant cinq minutes durant lesquelles la chroniqueuse fait semblant de ne pas remarquer la dérision dont elle est victime et le désintérêt qu'elle suscite.

⋆

Un soir de mars 2024, Ségolène Royal accepte de débriefer l'audition de Cyril Hanouna devant une commission d'enquête parlementaire consacrée au renouvellement des fréquences de la TNT.

Ségolène Royal, brosse à cirage en main : « C'était une audition difficile, d'abord la durée, le stress... [...]

Je pense que Cyril a réussi, d'abord par le travail... Ce que je vais vous dire là, ça vaut pour toute la vie, on ne réussit pas sans travailler. Deuxièmement, positiver les choses. Je pense que vous avez bien positivé, c'est-à-dire que dès le départ, vous avez pris les gens au sérieux et vous les avez respectés. »

Trois minutes d'enfilage de perles qu'à des moments, l'animateur ne fait même pas semblant d'écouter.

★

Un jour, Ségolène Royal n'est plus venue sur le plateau de *TPMP*.

Personne n'a donné d'explications.

46

Dans le bureau d'Anne Hidalgo

Mai 2025

Anne Hidalgo vit les derniers mois de son mandat de maire de Paris. Elle reçoit dans l'immense bureau de l'Hôtel de Ville, le plus grand, dit-on, des lieux de pouvoir de la capitale.

Tous ceux qui la rencontrent dans cette période la décrivent apaisée. Les Jeux olympiques représentaient son dernier défi. Elle doit maintenant travailler à sa nouvelle vie.

« J'ai quand même passé vingt-cinq ans ici, dit-elle. Ce ne sera pas facile de tout quitter[1]. »

La discussion porte sur quelques sujets anodins, puis nous en venons à notre affaire.

*

1. Entretien avec Anne Hidalgo, le 7 mai 2025.

« Cyril Hanouna ? Je ne le connais pas. Pendant un temps, il m'envoyait des messages : je vous aime, vous êtes formidable, venez dans mon émission. Je l'ai croisé aussi à la tribune du Parc des Princes. Un jour, il m'a dit : "Vous êtes une belle femme..." Bon...

— Mais vous n'avez jamais participé à *TPMP* ?

— Je n'aime pas ce genre d'émission. Ce ne sont pas mes valeurs. Pour moi, cela aurait représenté une forme de prostitution. Donc, non, je n'y suis jamais allée. »

Elle sourit, les souvenirs remontent :

« Pendant la campagne présidentielle, mon équipe insistait. Ils me disaient que je toucherais les jeunes, que j'en avais besoin. Sans doute... Mais je suis contente d'avoir résisté. »

Les insultes ?

« Il m'avait déjà qualifié d'idiote, des choses comme ça. Là, c'était à cause de la Coupe du monde de foot, je ne voulais pas de fan-zones dans la ville.

Je n'ai pas vu en direct, on m'a rapporté ces propos. Je ne l'ai pas regardé après non plus.

Il est devenu fou. Je n'ai pas à subir ça. Donc, j'ai saisi l'Arcom. Mais je n'ai pas été étonnée. C'est le genre de personnage qui se croit tout permis. »

⋆

On en vient à sa camarade de parti. Elle et Ségolène Royal n'ont jamais été proches, ni mêmes amies :

« Oui, j'ai vu qu'elle avait travaillé avec Hanouna. »

Elle dit la phrase d'une voix détachée, pas très concernée.

« Vous en avez parlé avec elle ? Vous avez des contacts ?

— Parlé, non, elle fait ce qu'elle veut. Des contacts, pas vraiment non plus. Elle m'a fait un message avant les Jeux. Elle voulait savoir si des places étaient disponibles pour certaines compétitions qui l'intéressaient. Je lui en ai donné, bien sûr. Elle m'a fait un gentil message de remerciements, après. »

47

Les muets de la télé

Beaucoup de personnes sollicitées ont refusé de raconter le travail commun avec Cyril Hanouna, le temps passé avec lui. Pourtant les questions que je leur faisais parvenir après un premier refus formulé comme une position de principe étaient anodines ou auraient pu susciter des réponses positives.

D'autres collaborateurs, actuels ou anciens, ont accepté l'offre de dialogue que je leur proposais. Certains parmi eux n'ont souhaité qu'un contact écrit. Parfois des précautions ont été prises pour une entrevue où manquait la sérénité. Soit loin du lieu de leur travail, soit dans des lieux insolites. C'est ainsi que je me suis retrouvé dans le hall d'un grand cinéma qui présentait, selon mon interlocuteur, une garantie d'anonymat.

J'ai parfois été accueilli avec enthousiasme. Une personne que j'appelais sur son portable m'a fait part de son soulagement. « Il est temps de parler », m'a-t-elle dit. Puis, devenue hésitante, elle a annulé un premier rendez-vous, a tardé à en fixer un second, puis n'a plus répondu malgré mes relances.

Une autre m'a demandé un délai de réflexion. Ayant dépassé le moment dont nous étions convenus, je l'ai relancée. J'ai alors reçu un long message où il était question de « la détestation profonde pour cet odieux personnage », la douleur exposée étant avancée comme une explication au silence qu'elle préférait garder.

Enfin, plusieurs rendez-vous ont été totalement inutiles. Les personnes que j'avais en face de moi refusaient de se livrer et formulaient des réponses lisses, banales, qui gommaient volontairement tous les reliefs de l'expérience vécue.

Que soient remerciés celles et ceux qui ont répondu simplement et avec sincérité.

Je n'en veux à personne. Je respecte toutes les démarches. Chacun est libre de répondre ou non, de répondre comme il veut.

*

Si je mentionne les caractéristiques objectives d'une enquête dont je n'avais pas anticipé la difficulté, c'est pour exposer le sentiment qu'elle m'a procuré.

Travailler avec Cyril Hanouna, ou pour lui, est une expérience forte et singulière. J'imagine que les personnes concernées ont beaucoup appris, profité de conseils, réfléchi à des moments particuliers sur leurs réactions et leurs émotions, se sont amusées aussi, ont noué enfin des relations professionnelles ou personnelles fortes.

Tout cela est l'ordinaire d'une vie de travail. Mais ce qui manque ici, c'est la fierté assumée, revendiquée de participer ou d'avoir participé à l'aventure. Ce qui manque, c'est l'expression d'une satisfaction d'avoir travaillé avec Cyril Hanouna.

C'est frappant, et triste.

L'impression perçue, au contraire, est celle d'une volonté de tourner la page pour ceux qui en sont partis, de ne revenir sur ces années qu'avec réticence. Quant à ceux qui continuent à travailler, certaines tournures de phrases ressemblent à des excuses, à un remords enfoui qui ressurgit, car le plaisir du travail fourni est occulté par la puissance de celui qui incarne si fortement l'émission.

Il y a eu à *TPMP* trop de scandales, trop de paroles violentes, trop de situations humiliantes pour que s'exprime une solidarité collective autour du projet et de sa réalisation. Il s'agit là d'une forme d'échec que l'on constate rarement dans le monde audiovisuel, la réussite d'un programme rejaillissant sur tous ceux qui y ont concouru.

Peut-être faut-il voir là la conséquence d'un égoïsme exprimé à un niveau rarement constaté. En vampirisant dans les bonnes volontés qui se sont offertes à lui tout ce qui a permis à son caractère de s'exprimer sans retenue, l'animateur a aussi appauvri une réussite incontestable, et terni une image dont le potentiel de départ était réel.

Bien sûr, tous ceux qui sont évoqués ici ne peuvent être qualifiés de complices. Entrés dans une vie professionnelle dont ils ignoraient les évolutions futures, ils ont ensuite, chacun à leur place, participé à une écriture dont l'esprit et la teinte finale leur échappaient, ou leur étaient étrangers.

Si la notion de complicité doit être évoquée de manière pertinente, il faut la réserver à ceux qui avaient le pouvoir de freiner les dérives et qui, pour des raisons qui demeurent intimes, ne l'ont pas fait.

*

Trois personnes méritent d'être mentionnées ici comme des complices : le directeur général d'H2O, Lionel Stan ; le directeur général de C8, Franck Appietto ; le directeur des programmes de Canal+, Gérald-Brice Viret.

Aucun des trois n'est parvenu à utiliser le pouvoir attaché à ses fonctions pour prévenir, corriger ou empêcher les multiples dérapages constatés pendant plus de dix ans sur *TPMP*. Faut-il parler de défaillance, d'incompétence ? Faut-il, en remontant la pyramide, évoquer la responsabilité de Maxime Saada, patron de Canal+, et de Vincent Bolloré, patron de Vivendi ?

Toutes les personnes citées ici ont été contactées. Si Gérald-Brice Viret a courtoisement décliné l'offre d'une rencontre, les autres se sont abstenus de répondre.

Pour donner corps au récit, voici les portraits de Lionel Stan, Franck Appietto et Gérald-Brice Viret, mélange d'informations publiques et de conversations personnelles.

★

Lionel Stan, né en 1973, dirige depuis dix ans la société de production de Cyril Hanouna, H2O.

Il a d'abord voulu être dentiste, et a fait des études pour cela. Mais le hasard des rencontres et un goût du spectacle l'ont conduit à la télévision. Il produit *Popstars* au début des années 2000, puis navigue au gré des projets, le plus souvent dans l'orbite du groupe M6. Il intègre H2O en 2016.

Des avis plutôt unanimes évoquent sa gentillesse et son humanité.

« Ce qui lui manque, analyse un producteur, c'est du courage. C'est pour ça qu'il peut travailler avec Cyril Hanouna. »

Quelles que soient ses opinions personnelles, rapportent plusieurs témoins, il finit toujours par soutenir les demandes de l'animateur de *TPMP*, et le défend sans défaillance à chaque dérapage.

Lassé cependant d'H2O, il a beaucoup manœuvré pour prendre la tête d'Europe 1. « Il a cru réussir » en œuvrant en coulisses, rapporte un dirigeant du groupe Canal. « Mais Vincent Bolloré n'a pas suffisamment confiance en lui. »

Ligoté comme d'autres par la relation qu'il a nouée avec Cyril Hanouna, il continue de produire des émissions qui lui fournissent la sécurité matérielle, à défaut de lui apporter le repos de l'esprit.

*

Franck Appietto est né en 1964. Il a longtemps œuvré dans les dédales du groupe Canal+, à l'ombre, affable, serviable, sans esprit particulièrement créatif selon ceux qui l'ont côtoyé.

En 2016, Vincent Bolloré le propulse à la tête de C8. Sa mission, informulée, implicite mais tellement claire : aider Cyril Hanouna, accéder à ses désirs, fermer les yeux, éviter d'étaler ses états d'âme, s'il lui prenait la fantaisie d'en ressentir.

Son image dans l'écosystème Bolloré n'est pas excellente. Certains rapportent des phrases drolatiques :

« Il m'a dit un jour que plus tard, on étudierait les émissions de Cyril Hanouna à l'université. »

En attendant, il occupe la fonction de patron de chaîne avec l'application de celui qui veut faire croire qu'il a du pouvoir :

« 90 % du budget de C8, c'était *TPMP*, analyse un producteur. Et sur les 10 % restants, c'était Cyril Hanouna qui donnait les directives. »

De multiples témoins rapportent aussi des séances d'humiliation à son égard. Dire que l'animateur de *TPMP* lui parle souvent mal est un euphémisme. Mais il dure et endure. Et il fait même preuve, à un degré nettement supérieur au premier, d'un sens du dévouement peu commun.

Ainsi, début juillet 2024, dans l'émission médias d'Europe 1 présentée par le journaliste Thomas Isle, il convient de l'existence de séquences problématiques dans son émission phare, mais il les relativise par la mathématique :

« Si l'on compte la totalité du temps d'antenne de *TPMP*, les séquences qui ont fait l'objet de sanctions ou de mises en demeure représentent 0,06 % du total. Et même, si on enlève la publicité clandestine [*sic*], c'est 0,01 %. »

Autrement dit, les turpitudes deviennent acceptables si elles sont limitées. Les raisonnements de ce type lui ont valu beaucoup de quolibets tout au long de sa carrière. Et ils l'ont sans doute freinée.

★

Gérald-Brice Viret est né en 1967. Journaliste, il travaille sur différentes chaînes en province avant de rejoindre le groupe Lagardère au début des années 2010, puis le groupe Canal dont il devient directeur général des antennes et des programmes.

Son souci, selon ceux qui le connaissent et travaillent avec lui, c'est de ne se fâcher avec personne. Urbain, flatteur, il dit plus souvent oui que non aux demandes et aux projets. Ensuite, il n'en fait qu'à sa tête, et c'est souvent non.

Officiellement, il adore Cyril Hanouna, lequel le rudoie un jour sur deux, et donc le cajole un jour sur deux. Insondable, il dialogue beaucoup avec Lionel Stan. Certains, qui pensent que ce n'est pas le plus mauvais de la bande, assurent qu'il est souvent effondré.

Tout le monde ne partage pas ce sentiment.

Cinquième partie

La chute de la maison Hanouna

Le tour de force, c'est de s'affranchir des lois et des règles. Puis quand vient le temps de la sanction, de jouer les victimes.

À ce jeu, Vincent Bolloré et ses amis sont des maîtres.

48

Le cahier des charges

Pour la bonne compréhension de ce qui suit, un peu de technique est nécessaire.

Qu'elles soient publiques ou privées, les chaînes de télévision en France utilisent des moyens techniques de diffusion financés par l'impôt. Il existe 27 canaux, occupés par autant de chaînes, dont les poids lourds sont TF1, France 2, M6 et dont la totalité constitue la diversité du paysage audiovisuel français.

Chaque canal de diffusion est attribué à un projet sur décision du régulateur de l'audiovisuel. Il s'agissait à l'origine du CSA (Conseil supérieur de l'audiovisuel), devenu Arcom (Autorité de régulation de la communication audiovisuelle et numérique) à la date du 1er janvier 2022.

Une autorisation n'est pas éternelle. Elle vaut pour dix ans. Au bout de ce délai, le régulateur fait le bilan. Le diffuseur a-t-il respecté ses engagements en matière de programmes d'une part, le « cahier des charges » d'autre part, un contrat qui exige, en gros, que les propos tenus à l'antenne aient été maîtrisés et décents, et que des scandales n'aient pas diverti l'opinion publique de manière excessive ?

Comme ses copines et consœurs, C8 a obtenu un droit d'émettre au mois de mars 2015. L'échéance approche où un examen sera fait des attitudes vues et entendues sur la chaîne. L'Arcom anticipe en informant les acteurs qu'elle commencera l'étude du renouvellement dès le printemps 2024.

Bien sûr, il y a péril en la demeure pour l'empire Bolloré. Tout le monde sait que Cyril Hanouna a enfreint à peu près toutes les règles possibles. La sanction du non-renouvellement ne s'est jamais produite en France. Mais à tout, il faut une première. Cette éventualité nourrit une nervosité que l'on perçoit très tôt dans ce processus complexe.

49

La ministre dégaine

Décembre 2022

L'automne a été chaud. Enfin, Cyril Hanouna a été très chaud durant l'automne.

Début octobre : injures publiques à la maire de Paris.

Mi-octobre : dynamitage de l'organisation de la justice.

Début novembre : insultes publiques à un député.

Du jamais-vu. Même sur C8.

Au fait, qu'en pense la ministre de la Culture ?

Elle s'appelle Rima Abdul-Malak. Elle est d'un genre plutôt discret.

Elle a mené une belle carrière : conseillère culture à la mairie de Paris, attachée culturelle à

New York, conseillère du président de la République en la matière. Elle entre dans le gouvernement d'Élisabeth Borne au début de sa quarantaine, en mai 2022.

⋆

Abondamment sollicitée sur les dérives toujours plus spectaculaires de *TPMP*, la ministre Rima Abdul-Malak sort du bois dans *Le Parisien* du 13 décembre 2022. Elle a, dans sa main, une grenade prête à être dégoupillée.

La première question porte sur l'Arcom qui paraît, au journaliste qui l'interroge, impuissante à contenir les ardeurs de Cyril Hanouna.

« Comment améliorer son efficacité ? » demande le journaliste.

Réponse :

« L'Arcom dispose déjà d'une large palette de sanctions pour agir, définie par la loi, qui vont de l'amende au retrait d'autorisation de la chaîne en passant par la suspension du programme […]. C8 a déjà été sanctionnée. Quand Cyril Hanouna insulte un invité de son émission, quand il appelle à une justice expéditive dans l'affaire Lola, c'est à la justice et à l'Arcom de se prononcer […]. Pour ma part, je condamne fermement ces propos ! Et c'est le rôle de l'Arcom de renouveler les autorisations des chaînes. »

La dernière phrase est-elle une menace ? En tout cas, le journaliste l'a saisie ainsi :

« Comment cela ?

— Lorsque l'Arcom délivre une autorisation de diffusion sur la TNT, cette autorité étudie les demandes en prenant en compte les comportements passés ou encore le projet éditorial. Des règles existent, notamment une obligation de traiter les affaires judiciaires avec mesure. Lorsque l'échéance arrivera, l'Arcom examinera le respect des règles sur l'ensemble des années passées... C'est le travail du régulateur, pas celui du gouvernement.

— Ne pas renouveler une autorisation d'émettre, ce serait un coup de tonnerre inédit...

— Ce serait totalement exceptionnel, je ne dis pas que c'est ça qui va arriver, je rappelle simplement que c'est une hypothèse sur laquelle l'Arcom aura à se prononcer. »

*

C'est la première fois, un an et demi avant l'échéance, qu'est publiquement évoquée l'hypothèse d'un non-renouvellement de C8.

« Cette interview a semé la panique au sommet de Canal+ », affirme un témoin.

S'il faut agir, deux possibilités s'offrent à Vincent Bolloré et ses amis.

Soit ils disent à leur animateur : ça suffit !

Soit ils disent à la ministre : ça suffit !

À votre avis ?

50

L'Empire contre-attaque

Rima Abdul-Malak répète ses propos dans *Le Monde* à la mi-janvier 2023, puis encore sur France Inter, le 9 février 2023. Chaque fois, elle précise qu'il ne s'agit que d'un rappel du cadre légal. Malin. Mais chafouin.

★

La dernière sortie sur France Inter est celle de trop pour Canal. Après avoir tourné autour du pot durant des semaines, sondé la coulisse, compté les amis, pesé le pour d'attaquer et le contre de faire le gros dos, le groupe sort l'artillerie lourde :

> Nous avons été profondément choqués par les propos tenus par Mme la ministre de la Culture, Rima Abdul-Malak, ce matin... Près de cinq minutes de son intervention ont été consacrées à la critique de

> notre groupe et à des invectives contre nos chaînes C8 et CNews. […] La ministre prend parti, sort de sa réserve et ne respecte pas l'indépendance de notre régulateur. Elle porte non seulement atteinte à la crédibilité et à la probité de nos chaînes, mais critique aussi le travail de nos équipes et suscite l'inquiétude de nos salariés en menaçant la pérennité de leur activité professionnelle[1].

D'ordinaire discret, le président de Canal+, Maxime Saada, y va d'une pique ironique :

« Une ministre ne devrait pas dire ça[2]. »

Cyril Hanouna relaie l'offensive sur son plateau en y mettant tout le pathos que lui inspire « cette atteinte à la liberté de la presse ».

Des observateurs comptabilisent que, sur ce thème de « la liberté que l'on assassine », la chaîne CNews organise 36 débats en une semaine. Plus de six par jours ouvrables, pour que ça rentre bien dans les têtes. Enfin, les relais des réseaux sociaux sont activés.

Et puis, la tempête se calme. Chaque camp range ses muscles. Rendez-vous en juillet 2024.

★

1. Communiqué de Canal+, 9 février 2023.
2. *Le Figaro*, 22 janvier 2023.

Dans l'intervalle, il ne se passe pas rien.

On apprend d'abord, dans un article publié dans le journal *Le Monde* fin décembre, que Vincent Bolloré a été reçu en septembre 2023 par Emmanuel Macron, à l'Élysée[3].

Que se sont dit les deux hommes ? Les murs sont restés muets.

En janvier 2024, jugeant Élisabeth Borne fatiguée, le président de la République nomme Gabriel Attal à Matignon.

Choisir des ministres est un casse-tête. Emmanuel Macron soulage son nouveau chef de gouvernement en lui indiquant qu'il faut virer Rima Abdul-Malak de la Culture.

Et à sa place ? Le président de la République souhaiterait nommer Rachida Dati. Elle n'a jamais témoigné d'un intérêt particulier pour le secteur, mais elle serait parfaite à ce poste, juge Emmanuel Macron.

Gabriel Attal, qui ne peut pas être en désaccord, est d'accord.

La nomination est cocasse. Rescapée du sarkozysme, Rachida Dati affirmait quelques semaines

3. Raphaëlle Bacqué, Ariane Chemin, *Le Monde*, 20 décembre 2023 : « La rencontre entre Emmanuel Macron et Vincent Bolloré a eu lieu à l'Élysée, à la mi-septembre. Le rendez-vous, absent de l'agenda officiel et resté secret à ce jour, est presque un événement, tant l'industriel et le président de la République s'entendent mal. »

auparavant que le macronisme, c'était « le rassemblement des traîtres de droite et de gauche ».

Bienvenue à bord, madame.

51

L'heure des comptes

9 juillet 2024

La grande salle de la tour Mirabeau, dans le XVᵉ arrondissement de Paris, accueille du beau monde ce matin-là.

D'un côté, les neuf membres de l'Arcom. Ils jouent à domicile, rangés de part et d'autre de leur président, Roch-Olivier Maistre.

En face, les visiteurs, qui forment l'état-major du groupe Canal+ : Maxime Saada, Gérald-Brice Viret, et le chef de C8, Franck Appietto, entourés de leurs collaborateurs.

★

Renouvellement de l'autorisation d'émettre ou pas ? Difficile, au début de la réunion[1], de dire de quel

1. Ce récit est inspiré par un article du *Monde*, publié le 10 juillet 2024, sous la signature d'Aude Dassonville.

côté va pencher la balance. Un sentiment domine quand même :

« Ils n'oseront pas. »

Comment imaginer, en effet, une attaque frontale contre l'Empire ?

Les réseaux amicaux et professionnels de Vincent Bolloré lui confèrent une puissance qui pousse à la réflexion avant le combat. Par ailleurs, les journalistes qui travaillent pour lui bénéficient d'une efficacité surmultipliée grâce à la coordination des papiers de presse écrite, des éditos des animateurs des émissions télévisés, des thèmes mis en débat sur les chaînes.

Quand elles se mettaient en branle dans les plaines de la Gaule, les légions de Jules César n'étaient pas plus impressionnantes que celles, à vingt siècles de distance, des défenseurs du milliardaire breton.

D'où ce sentiment : C8 vit, C8 vivra longtemps.

Les dirigeants de Canal+ ne sont pas venus les mains dans les poches, mais un peu quand même.

Le document qu'ils ont remis dans les jours précédents à l'Arcom ne contient rien de neuf et inspire l'ennui. Sur le point clé du respect du cahier des charges, rien non plus, sinon des promesses que tout va bien se passer.

⋆

Les conseillers de l'Arcom ont trouvé cela léger. Ils ne se gênent pas pour le dire aux intéressés.

L'un d'eux, Hervé Godechot, ouvre le bal :

« Si l'on prend l'année qui vient de se passer, il y a eu sept sanctions. »

Il en énumère les causes :

« Non-respect de la vie privée ; atteintes à l'honneur, à la réputation, à la dignité de la personne humaine ; atteinte à la protection des mineurs… »

Ça fait beaucoup.

Le patron de C8, Franck Appietto, amortit le choc en sortant la statistique qui fait sa réputation :

« Les faits que vous évoquez correspondent à seulement 0,06 % du temps d'antenne. »

Passing-shot du président de l'Arcom :

« C'est 0,06 % de trop, monsieur. »

Un autre conseiller, Benoît Loutrel, soumet à l'assistance la question fondamentale qu'ils redoutaient :

« À chaque fois, vous nous avez expliqué que cela [les dérapages] ne se reproduirait plus. Et ça revient, ça revient. Pourquoi est-ce que demain serait différent d'hier ? »

Personne n'a la réponse.

Le système a été pensé et mis en place pour que Cyril Hanouna puisse faire ce qu'il veut, sans contrôle, sans hiérarchie, sans limites. Changer le système, c'est demander à Cyril Hanouna de changer.

Personne dans l'Empire n'est habilité à formuler une telle incongruité.

Maxime Saada sent qu'une odeur de roussi alourdit l'atmosphère. Il propose une mesure de conciliation en s'engageant à mettre en place un « *time delay* ».

L'anglicisme correspond à un procédé connu dans les médias. L'émission n'est plus diffusée en direct. Le producteur dispose d'une demi-heure au moment du tournage pour couper d'éventuels dérapages.

Sur le papier, ça peut séduire. Cyril Hanouna a toujours dit qu'il vivrait cette contrainte comme l'expression d'une méfiance insupportable à son égard.

Autre chose, monsieur Saada ? Non.

*

L'impression de malaise est grande quand les protagonistes se séparent.

Le verdict est annoncé pour le 24 juillet.

52

Le rideau tombe

L'Arcom a fait ses comptes.

Depuis mi-2016, date à laquelle D8 est devenue C8, la chaîne a écopé de 27 condamnations. Le cumul des amendes atteint 7,6 millions d'euros, auxquels il faut ajouter des dizaines de millions d'euros supplémentaires pour privation d'écrans publicitaires. Quand tous les chiffres sont alignés, C8 est une entreprise structurellement déficitaire.

Voici ce qu'écrit l'Arcom sur le sujet, dans un courrier adressé à Franck Appietto, président de C8 :

> Le service [la chaîne] a enregistré un déficit chronique et significatif depuis le début de son autorisation. En 2023, les pertes s'élevaient à 48,5 millions d'euros, les charges financières à 22,2 millions d'euros, et les dettes inscrites au bilan étaient de 569 millions d'euros, même si l'actionnaire a apuré les dettes de la société en 2024[1].

1. « Exclusion de C8 de la TNT : les dessous de la décision de l'Arcom », *Les Échos*, 31 janvier 2025.

Devant ce tableau où se mêlent la répétition des infractions, l'irrespect des engagements pris et l'incapacité à trouver un équilibre financier, le régulateur décide de suspendre le droit d'émettre.

Le dernier jour de C8 est fixé au vendredi 28 février 2025, à 23 h 59 exactement.

Pour des raisons différentes – essentiellement la pauvreté des programmes –, la chaîne NRJ 12 subit le même sort.

⋆

Mais c'est l'affront fait à la puissance qui retient l'attention.

Le déchaînement est immédiat.

Europe 1 se définit à partir de cet instant comme une « radio libre ». Le *JDNews*, supplément, hebdomadaire du *JDD*, barre sa une d'un cri du cœur : « Vive la liberté d'expression ».

CNews accumule les débats pluralistes où la seule ligne autorisée est celle de la condamnation de l'Arcom. Pascal Praud théorise la souffrance nationale, tandis que Laurence Ferrari prévoit la révolution populaire.

Quant à Cyril Hanouna, il appuie sur tout le clavier victimaire, sollicitant et obtenant les témoignages désespérés de téléspectateurs meurtris d'une possible disparition de leur émission favorite.

Canal+ forme un pourvoi devant le Conseil d'État.

Sentence du 19 février 2024 :

> Le régulateur [l'Arcom] était juridiquement fondé à prendre en compte les manquements réitérés commis par la chaîne au cours des dernières années à ses obligations légales et conventionnelles, notamment en matière de respect des droits de la personne, de protection des mineurs et de maîtrise de l'antenne.

Le jugement est clair. La censure n'est pas le propos. La transgression et l'humiliation sont le problème.

Tout le monde le sait, mais dans cet univers de mensonges et de faux-semblants, personne ne veut le reconnaître.

Il manque une dernière pièce au spectacle du ridicule. La voici, jouée par du beau monde.

53

La politique, la tête à l'envers

Marine Le Pen s'est peu produite chez Cyril Hanouna, une visite lors de la campagne présidentielle 2022, rien de plus. Malgré tout, la voici heurtée par la suspension de C8 :

« Une terrible régression et une inquiétante décision qui donne raison aux Ayatollahs de la pensée unique, aux oukases d'une gauche sectaire qui ne voudrait voir et entendre qu'une seule voix, celle du système. »

Pas un mot, pour elle qui défend l'ordre et appelle au respect de la loi, sur les faux pas multiples et leur auteur unique.

Même analyse chez Jordan Bardella :

« À cause du harcèlement de la gauche, des millions de téléspectateurs français sont aujourd'hui privés de leur chaîne de télévision. C'est un recul inédit pour le pluralisme du paysage audiovisuel français et une lourde défaite pour la liberté d'expression. Là où la censure de gauche triomphe, c'est la démocratie qui s'éteint. »

Suivent Éric Ciotti, Éric Zemmour, Sarah Knafo, d'autres de la même école et même un ministre, celui de l'Intérieur, Bruno Retailleau, qui paie son écot à l'Empire qui le découvre et qui l'aime, et rêve pour lui d'horizons suprêmes :

« C8 avait trouvé son public. Sa disparition du paysage audiovisuel la prive d'un espace d'expression. Tout mon soutien aux nombreux salariés et intervenants qui ont perdu leur emploi. »

Mais la palme revient à Laurent Wauquiez, président du groupe de députés Les Républicains qui, comme à son habitude, en fait beaucoup dans la colère que lui inspire la fin de C8, et finalement en fait trop.

Dans une vidéo de 1 minute 12 secondes, éditée le 19 février 2025, il dénonce l'Arcom comme « une obscure autorité indépendante [...] qui s'est arrogé un droit de vie et de mort sur cette chaîne ».

Autant de mensonges en aussi peu de mots tient de l'exploit.

Loin d'être « obscure », l'Arcom est une autorité transparente quant à son mode de désignation, dont les principales audiences sont ouvertes aux journalistes. Ce fut le cas pour celle qui a décidé du sort de C8. Ses décisions ne sont pas aléatoires mais découlent d'une analyse sur le respect de la loi et des engagements pris par les diffuseurs de programmes. Elles sont en outre soumises aux juridictions supérieures, le Conseil d'État notamment.

Nulle part dans sa vidéo, Laurent Wauquiez ne dit que Cyril Hanouna a enfreint de multiples règles, de multiples lois, qu'il est l'animateur le plus condamné dans l'histoire de la télévision française.

Le député, à l'inverse, enfourche un cheval totalement fantasmatique :

« On ne m'enlèvera pas de la tête que cette décision de fermeture de C8 est due à une seule chose : c'est qu'elle appartient à un groupe médiatique qui ne convient pas à certains et ne pense pas comme il faut. »

Impossible, en effet, d'enlever de la tête de quelqu'un une idée qu'il s'y est mise tout seul. Et à laquelle, peut-être, il ne croit pas lui-même.

Dans les jours qui suivent, Laurent Wauquiez se distingue parmi tous ses pairs. Son zèle ne faiblit pas, comme le remarque, au moment où il se déploie, le journal *L'Opinion*.

Le 7 mars, le député de Haute Loire est reçu par Cyril Hanouna, sur Europe 1. Il répète au mot près le discours de la vidéo. Le 2 avril lors d'un meeting à Chatenay-Malabry, dans les Hauts-de-Seine, il en rajoute dans l'indignation :

« Ils ont fermé C8 parce qu'ils considéraient qu'il n'y avait pas assez de diversité d'opinions. Il n'y avait pas assez d'idées de gauche. Moi, quand j'écoute France Inter le matin, que je me dis que c'est financé par mes impôts, je n'ai pas franchement l'impression d'y retrouver la totalité de mes idées[1]. »

Et de conclure sous les vivats, selon la journaliste présente :

« De toutes les façons, je n'ai pas envie d'y aller. »

Une défense aussi tonitruante n'est pas sans cause.

Cyril Hanouna en livre lui-même le secret au journaliste Édouard Lavollée, dans le numéro de *Valeurs actuelles*, daté du 7 mai 2025 :

« J'aime beaucoup Laurent Wauquiez, c'est un très bon pote à moi, c'est une intelligence incroyable, il connaît tout sur tout. Il va te sortir tous les dossiers, c'est un monstre. »

★

Les copains plutôt que la loi, la contestation plutôt que la reconnaissance du droit, le boniment plutôt que la vérité.

Une philosophie qui n'en vaut pas une autre pour diriger l'État.

1. Christine Ollivier, « Présidence de LR : une campagne à l'ombre du groupe Bolloré », *L'Opinion*, 14 avril 2025.

54

Rachida Dati, maligne

À cet endroit du récit, il faut faire une place particulière à Rachida Dati.

Son habileté pour montrer sa fidélité à celui qui regarde et qui voit tout est infiniment supérieure à celle de ses semblables précités, chaussés de gros sabots.

Le 4 février 2025, *Le Parisien* interroge Mme la ministre de la Culture, Rachida Dati.

De l'avenir de C8, elle dit :

« C'est une décision de l'Arcom, qui est une autorité indépendante. »

De l'animateur de *TPMP*, elle dit :

« C'est un animateur qui a du talent. »

Soutenir sans se mouiller, du grand art.

★

Mais tout de même, une question sur les valeurs bafouées ou défendues.

La ministre, qui incarne la culture française, dit d'un homme dont les émissions ont été épinglées pour atteinte à l'image et à la dignité des femmes et homophobie, qu'il a du talent.

Cela blanchit tout ? Fait tout oublier ?

Rachida Dati est au croisement de plusieurs chemins. Elle combat Anne Hidalgo que Cyril Hanouna insulte. Elle côtoie Vincent Bolloré qui soutient l'animateur de *TPMP*. Elle a table ouverte à CNews, Europe 1 et le *JDD* qui l'aident dans sa démarche politique.

⋆

Je connais Rachida Dati depuis longtemps. C'est le privilège de l'expérience.

Malgré ces antécédents, et sans que jamais un conflit nous oppose, notre dialogue est au point mort. Mes messages n'ont pas eu de retour.

Ma dernière ressource a été, comme envers d'autres pour ce récit, de lui adresser plusieurs questions :

1. Vous avez déclaré que Cyril Hanouna avait du talent. Ce jugement n'a pas à être discuté. Mais que dites-vous de cet animateur dont l'émission a accumulé les mises en garde, les

condamnations, pour des motifs divers que vous connaissez tous ?

2. Mettre en avant son talent avec la légitimité de votre fonction ministérielle doit-il être compris comme une manière de ne pas accorder d'importance à ce qui s'est passé ?
3. Depuis votre entrée au gouvernement, en janvier 2024, vous avez participé à plusieurs émissions animées par Cyril Hanouna. Avez-vous hésité à répondre positivement à ses invitations en raison de l'irrespect répété des règles et des lois ? Et si oui, en quels termes ?

Les réponses sont en poste restante.

Sixième partie

La deuxième vie

Dans le récit qui suit, les valeurs ne sont rien. L'argent est tout.

55

Où il est question de morale

25 janvier 2025

Un article de *Libération* secoue le monde la télé.
« Cyril Hanouna, qui a coulé C8, discute avec M6 ».

L'information paraît à peine croyable. Le groupe, qui possède, outre M6, W9, Paris Première, RTL et Fun Radio, paraît aux antipodes du tumulte et des scandales de *TPMP*.

Pour expliquer ce projet de mariage, les connaisseurs assurent que ce choix est celui du nouveau patron, David Larramendy, remplaçant récent de l'historique dirigeant de M6, Nicolas de Tavernost. Les audiences du groupe chancelant, il s'agirait de les redresser avec la nouvelle recrue. Ceux qui, au sein même de la direction de M6, paraissent sceptiques, réservés voire hostiles, sont priés de se taire.

De fait, on n'entend personne.

Enfin, pas tout à fait.

Dans le même papier de *Libération*, une animatrice à forte notoriété s'exprime.

Karine Le Marchand a 56 ans, dont quinze consacrés à *L'amour est dans le pré*. Cette émission lui a apporté gloire et fortune. Elle est une valeur forte, la plus forte peut-être, de M6. Elle peut donc se permettre de hausser le ton.

56

« Hanouna ? Jamais ! »

« Cyril Hanouna sur M6, c'est non ! »

Le refus de Karine Le Marchand, tel qu'il est exprimé dans l'édition du 25 janvier 2025 de *Libération*, repose d'abord sur des considérations personnelles. Pendant des années, l'animateur l'a insultée, et même diffamée.

Il se double de considérations générales, tirées de ces règles morales que beaucoup de gens hésitent à revendiquer – ça fait vieux jeu –, et que pourtant Karine Le Marchand évoque sans détour.

Pour la première salve, voici :

« S'il vient je m'en vais. J'espère qu'un autre groupe aura la gentillesse de m'héberger. Il est hors de question que je sois dans le même groupe et sur la même photo qu'une personne qui me harcèle, me méprise et m'insulte sans arrêt depuis sept ans, qui me critique ouvertement, qui va très très loin depuis longtemps. »

À ces choses dites avec netteté, elle ajoute :

« C'est une question éthique. Dans la vie, il faut faire des choix moraux et être droit dans ses bottes. En termes d'images, c'est catastrophique. »

57

Opération déminage

David Larramendy n'avait pas prévu la révolte. Ce n'est pas le genre de la maison.

Pour l'éteindre sans perdre sa star, il imagine un stratagème auquel personne ne croit :

« Je vais obtenir des excuses de Cyril pour Karine. »

Ceux qui l'entourent au comité exécutif de M6 écarquillent les yeux. Hanouna et excuses, ça ne va pas ensemble. Vraiment, se gaussent-ils, cet homme ne connaît rien à la télé et à ceux qui la font.

*

Avril 2024

David Larramendy vient d'atteindre la cinquantaine quand il s'assoit sur le fauteuil de PDG de M6.

Diplômé de Supélec, banquier chez Goldman Sachs, à Londres, directeur général de M6 Publicité depuis 2014, il a séduit tout son monde par sa capacité de travail et la finesse de son esprit.

Son inexpérience des programmes et du fonctionnement de la télévision n'en faisait pas le favori pour succéder à Nicolas de Tavernost, trente-sept ans de maison. C'est pourtant lui qui a été choisi.

Le travail qui l'attend est colossal.

Le groupe a lâché beaucoup de parts de marché au fil des ans. La chaîne M6, par exemple, a réalisé une audience cumulée de 8,1 % en 2023, un niveau qui ramène l'entreprise à ses performances de 1992.

Autant dire qu'il faut se secouer.

David Larramendy sera-t-il l'homme de la situation ? Pas tout à fait si l'on en croit le magazine *Challenges* du 23 avril 2024, qui le juge « trop sage » pour les défis qui l'attendent.

*

Amusant quand même de qualifier ainsi quelqu'un qui s'apprête à renverser la table.

C'est au mois de septembre qu'il informe ses collaborateurs de son projet. Embaucher Cyril Hanouna, c'est son idée. Il la maintient dans le scepticisme général.

Il rencontre l'animateur. Selon ce qu'il en dit à ses proches, le courant serait moyennement passé, mais il pense pouvoir maîtriser la bête et empêcher le renouvellement des aberrations constatées à *TPMP*.

Tout est donc en place début 2025 quand Karine Le Marchand intervient avec la légèreté d'un cyclone hawaïen.

*

David Larramendy n'a pas le choix. Pour continuer l'histoire, il doit obtenir de Cyril Hanouna des excuses pour son animatrice, mais des excuses publiques, comme le furent les injures.

Sa chance, c'est la mauvaise posture dans laquelle se trouve l'animateur de *TPMP*.

C8, c'est fini. Les propositions d'embauche n'affluent pas. Il faut saisir ce qui se présente.

Le contrat que lui fait miroiter M6 est alléchant. Il contient les millions nécessaires à son entreprise et son train de vie. S'il doit présenter des excuses pour le signer, à Karine Le Marchand ou à la reine d'Angleterre, il est prêt.

Demeure une question : comment mettre en images un Cyril Hanouna se couvrant la tête de cendres ?

L'animatrice de *L'amour est dans le pré* a la réponse.

58

L'humiliation en direct (1)

25 février 2025

Sur le plateau de *TPMP*, Cyril Hanouna n'est pas à l'aise. Ça s'entend.

Il bafouille, met des « voilà » partout, fait des « euuuhhh… » à répétition.

Que se passe-t-il, Cyril ?

« Karine Le Marchand, j'ai vu ses dernières déclarations, et c'est vrai qu'il y a une compil qui a été faite de tout ce qu'on a pu dire [à *TPMP*] sur Karine Le Marchand.

Comme vous le savez, il y a pu avoir des discussions pour que j'aille sur le groupe M6. Elle avait dit : "S'il arrive sur M6, je me retire du groupe. Donc, voilà la compil de tout ce qu'on a pu dire sur Karine Le Marchand." »

⋆

Ce qui n'est pas dit à cet instant, ne le sera pas clairement par Cyril Hanouna, c'est que « la compil qui a été faite » des horreurs, des calomnies et des insultes proférées sur ce plateau, a été fabriquée par Karine Le Marchand elle-même.

Voici l'histoire.

Quand David Larramendy revient vers elle en lui expliquant qu'il a arraché de haute lutte des excuses publiques à venir, l'animatrice pose une condition. Elle a stocké depuis longtemps les ignominies de la bande d'Hanouna. Elle exige qu'il les passe dans son émission, et qu'ensuite, il se vautre dans les regrets promis.

Demander cela, c'est mettre la barre haut. Mais le patron de M6 est coincé.

Il soumet l'oukase à cet homme dont il convoite le talent, alors même que la séquence met en lumière sa violence.

Cyril Hanouna aussi est coincé. Il accepte. Pour sauver le contrat. Fors l'honneur.

Un mot sur Karine Le Marchand elle-même.

Elle tient sa revanche. C'est légitime. Mais où est la proclamation de principes, vieille de seulement quelques jours ?

« Il est hors de question que je sois dans le même groupe et sur la même photo qu'une personne qui me harcèle, me méprise et m'insulte sans arrêt depuis sept ans [...]. C'est une question éthique. Dans la vie, il faut faire des choix moraux et être droit dans ses bottes. »

Difficile pour l'éthique et les affaires de cohabiter durablement.

59

L'humiliation en direct (2)

Le meilleur de Cyril Hanouna est à venir.

Il lance la compil, comme il l'appelle. Deux minutes de bonheur.

L'ouverture est formidable, lui parlant d'elle :

« Je ne peux vraiment pas la blairer. »

Suivent Guillaume Genton et Matthieu Delormeau :

« Elle est très capricieuse. »

« Elle a piqué une colère parce qu'il y avait dans sa loge des yaourts à 20 % de matière grasse et elle avait demandé 0 %. »

Jean-Michel Maire, chaussé de sabots très gros, raconte une histoire de chirurgie esthétique effectuée dans une clinique privée qu'elle aurait refusé de payer.

Un démenti écrit de la clinique en question apparaît à l'écran, disant que c'est gravement n'importe quoi.

Tiens, Gilles Verdez la traite d'hypocrite, et Cyril Hanouna, images d'archives toujours, qui enchaîne :

« Faut que tu prennes une camomille, ma chérie, que tu marches un peu dans les prés et quand tu seras calmée, quand tu auras dégonflé, tu viendras nous voir sans aucun problème. »

Géraldine Maillet y va aussi de son compliment.

Fin du film époustouflant.

★

Pourquoi C8 accepte-t-il de le diffuser ?

La fermeture de C8 est inéluctable. L'avenir de Cyril Hanouna ne concerne plus le groupe Canal. Pourquoi s'humilier avec lui ?

Mais ce n'est pas fini. Le plus drôle arrive.

Cyril Hanouna reprend la parole. Prononcera-t-il le mot terrible : « excuses » ? Lui qui n'a jamais voulu céder un millimètre aux « bien-pensants », aux « donneurs de leçons », à tous ces gens qui ne comprennent, ni la jeunesse, ni le monde, ni son génie ?

Un grand moment de télé s'annonce.

60

L'humiliation en direct (3)

Cyril Hanouna a la mine longue. On dirait qu'il va assister à son enterrement :

« C'est vrai, je reconnais, on a tenu dans l'émission *TPMP* des propos parfois et souvent injustifiés à l'égard de Karine. Des informations fausses ont été diffusées à son encontre.

Je sais, et je suis très conscient qu'on a pu lui faire du mal. Vous savez que moi, j'aime bien vanner, mais quand on fait énormément de mal, ça me pose problème.

Donc, c'est vrai que voilà, je présente mes excuses concernant ces trucs-là. Ça l'a peinée énormément, et dans un souci d'apaisement sur le long terme, je ne parlerai plus d'elle, que ce soit sur une autre chaîne, ou que je rejoigne M6. »

Mal pensé, mal tourné, mais fait quand même.

Intéressons-nous à quelques détails.

★

Cyril Hanouna dit avoir conscience qu'il a fait du mal à Karine Le Marchand.

Et tous les autres, qu'il a insultés, dénigrés ? Tous les autres à qui il a fait du mal, ont-ils de la même manière taraudé son âme, ou les a-t-il définitivement jetés dans une poubelle pour ne plus encombrer sa mémoire ?

Autre affirmation :

« Je reconnais des propos injustifiés, des fausses informations… »

C'est bien la première fois que l'animateur de *TPMP* formule un aveu de cette nature.

Ses détracteurs ont souvent dénoncé ses contre-vérités pour le seul plaisir de l'audience. Il les a tous, et méchamment, rembarrés. Et là, il en convient. Pour le contrat.

61

Larramendy verrouille

Ça grince à M6.

Les sociétés de journalistes de M6 et de RTL produisent des communiqués alarmistes : « Pas de ça chez nous ! »

La réponse du président du groupe est celle-ci : Cyril Hanouna ne mettra pas les pieds à M6 et à RTL. Cette manière de dire que les deux fleurons du groupe seront protégés de la salissure vaut reconnaissance de la grosseur du problème. Cyril Hanouna aurait pu prendre la mouche. Le contrat le retient de toute expression intempestive.

Ainsi, il interviendra seulement, à partir du 1er septembre 2025, sur la chaîne W9 et sur Fun Radio. On imagine les dirigeants de ces deux entreprises ravis.

*

Soucieux de bien marquer le territoire, David Larramendy apporte des précisions supplémentaires dans le numéro de *CB News* de mai 2025.

Question :

« L'arrivée de Cyril Hanouna dans votre groupe provoque curiosité et inquiétude. Quels sont vos garde-fous ? »

Réponse :

« Je comprends que certains parlent de prise de risque. C'est vrai qu'il y a eu parmi les milliers d'émissions de *TPMP*, durant ces 16 saisons, un certain nombre de débordements inacceptables. Nous en avons parlé avec Cyril Hanouna et Stéphane Courbit [propriétaire d'H2O] ces derniers mois et nous avons établi des limites claires à ne pas franchir : pas de promotion de *fake news*, pas de discours politisé et pas d'attaque *ad hominem*. Pour le reste, nous lui donnerons beaucoup de liberté pour faire des émissions divertissantes poil à gratter, qui parlent à tous les Français. »

★

Une pépite se niche dans le propos.

Qu'est-ce qui est réputé « inacceptable » pour le patron de M6 dans l'impressionnant palmarès de Cyril Hanouna ?

Connaître ces faits permettrait de saisir ce qui est acceptable pour lui dans la liste où figurent, pour mémoire, des agressions physiques et verbales, de la misogynie, de l'homophobie et tant de choses encore.

Ainsi, nous posséderions un aperçu de la télévision telle que la conçoit David Larramendy.

D'autre part, il faut noter que l'inacceptable évoqué n'empêche pas l'embauche, la collaboration et le versement de l'argent qui va avec.

Donc, finalement, l'inacceptable l'est-il vraiment ?

*

Ces interrogations, qui nous mènent aux frontières de la philosophie, auraient pu susciter des réponses intéressantes de la part du président de M6.

Vous connaissez la musique : pas de réponse. Omerta à tous les étages.

Le silence parle, pourtant.

Il dit l'impossibilité d'assumer un acte et de répondre à toutes les questions qu'il pose.

On ne s'ennuie jamais avec Cyril Hanouna.

62

Larramendy double la mise

David Larramendy a d'abord voulu rassurer les professionnels.

Qui lit *CB News* ? Les acteurs de la communication, un milieu étroit où tout le monde connaît tout le monde et où chacun est friand d'informations sur les autres. Ici spécifiquement, le patron de M6 s'est adressé aux acteurs du marché publicitaire : acheteurs d'espaces, annonceurs, agences. Si d'aventure certains s'inquiétaient d'une éventuelle pollution de leurs produits sur les antennes du groupe M6 à cause de Cyril Hanouna, les voilà rassurés. L'animateur sera tenu en laisse, la bride sera courte.

Venez à moi, fils de pubs, tout se passera bien.

*

Mardi 24 juin 2025

Cette fois, David Larramendy change de cible.

Il accorde une longue interview au *Parisien*, deux pages dans lesquelles il évoque toutes les nouveautés de la rentrée, Anne-Sophie Lapix qui rejoint RTL et M6, Marc-Olivier Fogiel qui retrouve RTL, et donc le vilain canard qui sera exilé sur Fun Radio et W9.

Les mêmes arguments sont répétés, tellement drôles tout de même que *Le Parisien* en fait un intertitre :

« Avec Cyril Hanouna, nous avons fixé des règles claires : pas de promotion de *fake news*, pas de débat politisé et pas d'attaque *ad hominem*. »

Ce qui va de soi pour tous les animateurs de l'Hexagone doit être spécifié pour le nouveau venu. Une manière pour le patron de M6 de reconnaître qu'il vient de faire rentrer un éléphant dans sa maison remplie de porcelaines.

Surtout, il ajoute une phrase qui ne se trouvait pas dans *CB News* :

« Les dérapages inacceptables qui ont eu lieu dans ses émissions par le passé représentent une infime fraction de ses milliers d'heures d'antenne. »

Voilà dans la bouche de l'homme qui dirige M6 l'argumentaire qui se trouvait naguère dans celle du patron de C8.

À l'expertise, hélas, la phrase ne vaut pas un clou.

Insulter un parlementaire prend une seconde ; le temps qu'il faut pour évoquer Anne Hidalgo : « Elle ne va pas fermer sa gueule… »

Il n'en faut pas davantage pour glisser un bol de nouilles dans le caleçon d'un homme récalcitrant, ou pour surprendre une femme qui se retrouve avec sa main sur le sexe du mâle qui lui fait face.

Total : quatre secondes, quatre scandales, des millions d'amendes.

S'il y a bien une situation où le temps ne fait rien à l'affaire, c'est ici. Avec Cyril Hanouna, le pire va toujours très vite.

Septième partie

Vincent, Cyril et moi

J'ai demandé à Vincent Bolloré de le rencontrer. Il ne m'a pas répondu.

J'ai demandé à Cyril Hanouna de le rencontrer. Il m'a insulté.

Deux individus. Deux tempéraments.

63

L'homme dans l'ombre

Il n'est pas facile de parler de Vincent Bolloré.

Il ne rencontre pas de journalistes. Il ne donne pratiquement jamais d'interviews. Ses proches n'offrent que le silence.

Forte de la loi qui organise ses travaux, l'Assemblée nationale pouvait seule contraindre l'ours à sortir de sa tanière. C'est ce qu'elle a fait au printemps 2024, dans le cadre d'une commission d'enquête parlementaire consacrée aux chaînes de TNT.

*

Mercredi 13 mars 2024

Assis sur son fauteuil, on voit bien que l'homme, 72 ans, est décontracté. Il en a vu d'autres, ailleurs, et des costauds.

Il essuie ses lunettes sur sa cravate et en profite pour regarder, par en dessous, les députés qui lui font face : Quentin Bataillon, président, macroniste, à peine la trentaine ; Aurélien Saintoul, même âge, rapporteur, membre de La France insoumise.

Des blancs-becs, envoyez vos questions, on répondra.

À sa première prise de parole, Vincent Bolloré déploie le pedigree familial.

La famille est ancienne, bretonne, catholique, patriote, engagée dans les aventures industrielles depuis 1802.

« C'est un peu hors sujet, par rapport aux travaux de notre commission », tente timidement le président.

L'invité poursuit :

« Je suis né avec une cuillère en argent. Ma famille était riche et célèbre. Célèbre parce que mon père, plusieurs de mes oncles ont fait une guerre formidable [1939-1945]. Et riche pas seulement d'argent, de tendresse aussi. »

Son aisance frappe.

On regarde un homme qui a toujours fui l'exposition et qui, pourtant, apprécie de parler des siens dans cet espace public, d'évoquer la lignée dans laquelle il s'inscrit, et les sentiments qui ont irrigué sa vie.

Pendant quarante ans, il a été le tsar du groupe qui porte son nom. Le 17 février 2022, jour décrété du bicentenaire de l'empire Bolloré, il a cédé les rênes à ses deux fils, Cyril et Yannick. Lui-même s'est octroyé le titre de « conseiller du président du directoire de Vivendi ». C'est en cette qualité qu'il comparaît aujourd'hui, celle d'un « conseiller » dont on imagine qu'il vaut mieux acquiescer à ses avis que de les contester.

Il cisèle son autoportrait. Le tour de force, c'est de parvenir à l'exprimer avec les apparences de la spontanéité :

« J'inspire la terreur à des gens que je n'ai jamais vus. Ceux qui me connaissent savent que je suis plutôt gentil, rigolard, affable et je me méfie de mes blagues. »

Tout est vrai.

De nombreux témoignages rapportent sa bonhomie, son humour, la sympathie qu'il inspire. Les mêmes dépeignent un homme qui décide, tranche, exige.

La fascination et la crainte, tout à la fois.

Politiquement, il se définit comme un chrétien-démocrate :

« Je suis né catholique, ça ne m'a pas quitté. C'est une grande force dans la vie, mais tout en laissant les gens libres. Dans mon ADN coule la liberté. »

L'audition est filmée.

On sent, depuis le fauteuil où on la regarde, la puissance du charme qui opère sur ces députés habitués aux joutes verbales avec leurs semblables. On les devine aussi désarmés par le charisme qui émerge et devant lequel beaucoup ont déjà ployé.

Si cette impression irradie depuis une télévision, on imagine la force des ondes qui parcourent la salle.

Vincent Bolloré se promène. Trop, car il se relâche :

« Pourquoi CNews est un succès ? Parce que CNews raconte la vérité. »

Cette phrase n'est pas celle d'un démocrate.

Il y a un siècle, les communistes russes qui furent d'horribles dictateurs créèrent un journal. Son titre : *Pravda*. Si l'on traduit : « La Vérité ».

Vincent Bolloré vaut mieux que les communistes russes.

Une autre affirmation surprend. Elle concerne Cyril Hanouna.

« C'est son succès qui le protège, dit-il. Plus de deux millions de téléspectateurs tous les soirs, avec des sujets qui intéressent tout le monde, la vérité de la vie en France. »

Encore la « vérité », et on sent, dans le ton, l'admiration pour l'animateur, ces chiffres, des fidèles par millions, une masse, une armée, la puissance.

Mais où se retrouve le chrétien ici ? Le succès valide-t-il tout ? Les insultes, les humiliations et le reste ? Qu'est le succès sans les valeurs ?

Cyril Hanouna, d'ailleurs, lui a causé bien du souci, au moins à une occasion. Quand, en mai 2017, le patron de *TPMP* a produit son fameux sketch homophobe, le patron du groupe a été obligé de mettre la main à la pâte.

La confidence figure dans l'hebdomadaire *Le Point*, du 11 mars 2023 :

« À la place de Cyril Hanouna, j'aurais fait une pause. C'est ce que je lui ai dit. Ça aurait permis de calmer les esprits. Ça a été horrible à gérer. »

Par ailleurs, l'argument du succès n'a pas toujours marché. L'une de ses premières décisions, quand il est arrivé à Canal+, a concerné *Les Guignols de l'info*, ces marionnettes sarcastiques qui ont contribué à la bonne fortune de la chaîne pendant des années. Supprimés, *Les Guignols*, avec cette explication :

« Trop de dérision… Je trouve que se moquer de soi-même, c'est bien. Se moquer des autres, c'est moins bien[1]. »

S'il le décide, tout plie devant Vincent Bolloré, même le succès.

★

Plus tard dans l'audition, Vincent Bolloré explique qu'il n'est jamais intervenu dans les programmes de ses chaînes. Qu'il a toujours laissé une large liberté à leurs dirigeants.

L'affirmation a fait sourire ceux qui ont été témoins de sa participation à un nombre important de réunions dans les locaux de Canal+.

« Je l'ai vu un jour programmer lui-même des films italiens sur CStar », l'une des chaînes du groupe, affirme un producteur rencontré lors de cette enquête.

Indice : Vincent Bolloré exprime souvent sa passion pour le cinéma italien des années 1970.

---

1. France Inter, 11 février 2015.

Un autre rapporte un conflit qui opposait William Leymergie à Cyril Hanouna. Le second exigeait de produire avec H2O l'émission du premier : *William à midi*, ce que refusait celui-ci qui voulait se débrouiller tout seul :

« Hanouna était très remonté. La règle, c'était que tout ce qui passait sur C8 devait être fait en association avec H2O. Franck Appietto le laissait faire. Exceptionnellement cette fois, Bolloré a tranché contre Hanouna. »

Ces anecdotes racontent un Vincent Bolloré investi, attentif aux détails. Le contraire du détachement qu'il affiche.

*

« Est-ce vous qui avez souhaité installer Éric Zemmour sur l'antenne de CNews ? », demande l'élue écologiste Ségolène Amiot.

Le 14 octobre 2019, à 19 heures, se déroule la première de *Face à l'info*. La formule permet à l'essayiste multicondamné pour incitation à la haine raciale ou religieuse, interrogé par la journaliste Christine Kelly, de développer, tous les jours, sa vision du monde, de la France, de la société, du sport, de la météo et de tout ce qui bouge sur terre. L'Arcom l'a interrompue en septembre 2021, au motif qu'il y avait là plus de propagande que d'information.

Alors, Zemmour, c'est vous ? Réponse de Vincent Bolloré :

« Je n'ai pas choisi Éric Zemmour. Accessoirement, tout le monde voulait le faire venir. »

Se peut-il qu'un chrétien émette une petite contre-vérité ?

La même députée a cité une déclaration d'Éric Zemmour[2] avant de lancer sa question : « Vincent Bolloré est très conscient du danger de remplacement de civilisation. Il veut léguer à ses enfants la France qu'on lui a léguée. Je préfère quelqu'un qui est patriote. Je lui rends hommage. »

Disons que les deux étaient faits pour s'entendre. Et que Vincent Bolloré, s'il a été sondé, n'a pas dû s'opposer à l'embauche d'Éric Zemmour.

Zemmour + Praud + Kelly + Ferrari + Lejeune + tous les autres : certains députés se sont inquiétés durant l'audition du rouleau compresseur idéologique que représente aujourd'hui son groupe de presse.

L'homme d'affaires breton-chrétien-démocrate les a rassurés d'une phrase que personne n'avait vu venir :

« Je n'ai aucun projet idéologique, je suis tout doux et débonnaire. »

Un grand numéro. Un grand artiste.

Pour en finir, une dernière pièce au dossier.

⋆

2. LCI, 19 janvier 2022.

Jeudi 20 mars 2025

Pascal Praud, animateur de *L'Heure des pros*, reçoit Michel Onfray pour son cent cinquantième ou cent soixantième livre, même les sites spécialisés ont perdu le compte. Il s'intitule *L'Autre Collaboration. Les origines françaises de l'islamo-gauchisme*.

L'interview est complaisante, la conversation plate, l'ennui épais.

Il faut dire que Michel Onfray est un sociétaire de CNews. Tous les samedis, à 13 heures, il est interrogé pendant une heure par Laurence Ferrari, une des vedettes de la chaîne. L'émission s'appelle : *Face à Michel Onfray*.

La première a eu lieu le 2 mars 2024. Le concept fait « Zemmour du pauvre ». Tout le monde s'en contente. Et cette collaboration explique que Pascal Praud, ce matin, ait limé ses ongles et ses dents.

Au bout d'une demi-heure, alors qu'arrive la dernière minute de l'émission, l'animateur accorde un dernier coup de cirage au philosophe. Il garantit que, le connaissant dans le privé, il tient le même discours en public. Un homme vrai, sincère, voilà la démonstration.

N'ayant jamais défailli devant une flatterie, Michel Onfray acquiesce. Et prouve qu'il est vraiment un type bien par un exemple : « Quand Vincent Bolloré me demande de faire cette émission *[Face à Michel Onfray]*, je me dis qu'il y a la possibilité de parler à plein de gens, cela donne non pas des droits mais des devoirs à l'endroit de ces gens, notamment un devoir de cohérence. »

Patatras !

D'une phrase malheureuse, le paon Onfray vient de ruiner la légende selon laquelle Vincent Bolloré ne s'occupe pas du recrutement sur ses chaînes.

Nos amis sont parfois pires que nos ennemis.

Un détail.

On l'a dit : l'émission de Michel Onfray a démarré le 2 mars 2024.

L'audition de Vincent Bolloré s'est déroulée le 13 mars 2024.

Neuf jours séparent les deux événements.

Vincent Bolloré a dû bien se marrer quand il a débriefé son passage devant les députés avec ses copains.

64

« Tu es une demer »

Je ne connais pas Cyril Hanouna.

Je l'ai croisé et salué, sourires réciproques et sympathiques, dans les couloirs de RTL, entre 2005 et 2010, période où nous occupions tous les deux un bout d'antenne de la station.

J'ai été invité, et bien reçu, sur le plateau de *TPMP* lors de la crise des Gilets jaunes. Puis à nouveau à l'automne 2021, lors de la sortie d'un livre, *Les Amateurs*, où je dressais un bilan partiel du premier quinquennat d'Emmanuel Macron.

Il n'y a eu dans ces rencontres aucun contenu personnel, pas d'échanges, pas de discussions sur un quelconque sujet.

*

J'ai découvert Cyril Hanouna lors de l'affaire Lola.

Bien sûr, je connaissais certains de ses dérapages. Les excréments dans les chaussures de Bertrand

Chameroy, oui, les nouilles dans le caleçon de Matthieu Delormeau, oui. Pas sûr que j'aie eu en tête l'homophobie, mais ne m'avaient pas échappé en revanche les humiliations des chroniqueurs en plateau, ni cette façon unique de dénigrer des gens.

J'avais, je pense, de lui l'image d'un animateur particulier qui ne méritait pas une attention particulière.

Sa diatribe sur la justice – octobre 2022 – m'a choqué.

J'ai toujours été attentif à cette règle : tout accusé doit trouver son avocat, quel que soit son crime, quelle qu'en soit l'horreur.

En disant cela, la société indique qu'elle écarte l'idée de vengeance, qu'elle poursuit un objectif de justice. En associant un avocat à chaque accusé, elle garantit ses droits face à la machine judiciaire, ce qui ne minore pas l'acte, mais contribue à rendre la sanction incontestable.

Nous sommes là dans des équilibres facilement fragilisés par l'émotion.

Intervenir violemment, briser ces principes, en appeler à la meute, aux instincts, susciter la colère et l'amplifier peut nous faire dériver vers une violence avilissante pour tous.

De ce jour, j'ai regardé Cyril Hanouna différemment. Je n'ai formulé le projet de ce livre que plus tard. C'est pourtant ce moment-là qui a fabriqué ses racines.

*

J'ai intégré l'équipe de *Quotidien* en septembre 2023.

Je n'ai pas accordé à l'époque beaucoup d'attention à une supposée animosité entre les deux émissions.

Début avril 2024, une chamaillerie survient.

Cyril Hanouna reçoit, sur le plateau de *TPMP*, Quentin Bataillon, député macroniste et président de la commission d'enquête sur l'attribution des fréquences de la TNT.

Quinze jours avant, c'était l'inverse : Bataillon auditionnait Hanouna à l'Assemblée.

Mélange, confusion, bromance : je me suis moqué des deux hommes dans ma chronique de *Quotidien*. Ce qui m'a valu cette réponse toute d'élégance du patron de *TPMP* :

« Jean-Michel, t'inquiète pas. Tu venais ici, toi aussi. Il était tout content de venir, de me lustrer les glaouis. J'étais obligé de lui donner une peau de chamois. »

Rires.

Difficile de ne pas s'attarder sur la formule utilisée par Cyril Hanouna.

Dans sa représentation du monde, les gens qui pénètrent sur son territoire font, sans le savoir ou le deviner, une forme d'allégeance dont le cérémonial, comme souvent chez lui, ramène au sexe.

Vision médiévale.

Elle met en scène le seigneur et le féal. Et si le second rompt le serment qui n'existe que dans la tête du premier, la dénonciation sera publique. Elle évoquera l'infidélité, elle recherchera l'humiliation, elle vaudra répudiation.

Nous en sommes là, au premier tiers du XXIe siècle.

*

Quand il est apparu que *TPMP* avait terminé sa carrière, l'idée m'est venue de dresser le bilan de cette émission, de ce qu'elle a été sur une dizaine d'années, de ce qu'elle a représenté dans le débat public.

J'avais sous-estimé deux facteurs. D'abord, l'abondance et la force des transgressions dont Cyril Hanouna avait été l'auteur. Ensuite, je l'ai déjà exprimé, la difficulté à rencontrer les acteurs du drame, puis à parler librement, normalement, avec ceux qui acceptaient l'entrevue.

*

Parvenu au bout du chemin, j'ai décidé de m'adresser à Cyril Hanouna.

Mercredi 25 juin 2025

J'ai pensé tout de suite qu'il était indispensable de donner la parole dans ce projet à l'animateur de *TPMP*.

Mais comment faire ? Le rencontrer ? La perspective ne m'a pas enchanté.

À différentes reprises, sur son plateau, il a suggéré, et parfois dit, que j'étais trop vieux, trop con, trop moche pour la carrière que je menais et que la sagesse, dont il est un expert, devrait me conduire à prendre ma retraite, à profiter des jours avant la mort.

Risquer la répétition de ce discours m'a découragé de lui proposer un rendez-vous.

J'ai imaginé un scénario alternatif : soumettre à Cyril Hanouna, par l'intermédiaire de son avocat, une liste de questions par e-mail.

S'il répond, on publie. S'il veut me voir, OK, mais uniquement dans les locaux de son conseil.

Ayant pensé tout cela, je croyais avoir fait le tour du problème.

J'ai réfléchi au contenu de l'e-mail pendant plusieurs jours. Jusqu'où aller dans les questions ? Il m'a semblé que certaines d'entre elles ne relevaient que du dialogue direct, pour pouvoir expliquer un point de vue et permettre ainsi une réponse plus juste. J'ai donc opté pour une version minimale que j'ai expédiée le 25 juin, à 15 h 50 :

> Bonjour maître,
>
> Vous le savez peut-être, j'écris un livre sur Cyril Hanouna dont la sortie est programmée pour cet automne. Si cela vous est possible, je vous serais reconnaissant de lui transmettre des questions dont les réponses figureraient dans le livre.

1. Dans l'émission *Thé ou café ?* du 1er mars 2014, M. Hanouna reconnaissait ne pas être inscrit sur les listes électorales. L'est-il aujourd'hui ? Depuis quand ?

2/ M. David Larramendy, PDG de M6, a expliqué dans deux interviews (CB News, *Le Parisien*) avoir indiqué à MM. Hanouna et Courbit que des choses « inacceptables » s'étaient produites durant des émissions de *TPMP*. M. Hanouna confirme-t-il les propos de M. Larramendy ? Quelles sont ces choses « inacceptables » ?

3. Le 9 février 2023, la Cour européenne des droits de l'homme a confirmé les décisions du Conseil d'État et de l'Arcom concernant la séquence dite « Capucine Anav ». Avec le recul, M. Hanouna convient-il du caractère problématique de cette séquence ? Convient-il aujourd'hui ce qu'il refusait hier, à savoir que la séquence introduit l'idée d'une soumission des femmes au désir masculin ?

4. L'épisode des nouilles (20 janvier 2016) a été beaucoup commenté. Une chronique de l'époque, signée par Bruno Donnet, sur France Inter, avait dénoncé l'humiliation publique faite à M. Delormeau. Avec le recul, M. Hanouna convient-il de l'humiliation ou en réfute-t-il l'idée ? Concernant M. Delormeau, plusieurs séquences ont été reçues comme dégradantes ou hostiles à son égard (nudiste, voiture écrasée, caméra cachée), au point que certains commentaires pointaient une forme de harcèlement à son égard. Comment M. Hanouna répond-il à ces critiques ?

5. Plusieurs condamnations de l'Arcom ont concerné des injures publiques adressées à des personnalités : Mme Hidalgo, M. Boyard (automne 2022). D'autres personnalités ont porté plainte pour injures publiques :

M. Cymes. Quelle est l'opinion de M. Hanouna sur l'utilisation des injures publiques ?

6. Pour régler un différend avec Mme Le Marchand, M. Hanouna a présenté une « compil » des moments où *TPMP* a dénigré cette personne. Confirme-t-il des propos de presse indiquant que c'est Mme Le Marchand qui a établi cette compil ? Pourquoi la société productrice H2O n'a-t-elle pas procédé elle-même à la fabrication de ce document ? Était-ce une condition posée par Mme Le Marchand – choisir elle-même les extraits – pour accepter les excuses qui ont été faites à la suite de la projection de ce document ? La direction de C8 connaissait-elle l'origine de cette « compil » au moment de sa diffusion ? A-t-elle donné son accord pour sa diffusion ?

7. Les propos de M. Hanouna sur la justice, formulés lors de l'assassinat de la jeune Lola (18 octobre 2022), ont suscité beaucoup de commentaires. Maintenez-vous l'analyse qui était la vôtre à l'époque (justice immédiate. Pas d'avocat. Pas de reconnaissance de l'altération de la raison) ? Ou avez-vous évolué sur ce sujet ?

Voilà les questions auxquelles j'aimerais avoir des réponses afin de les faire figurer dans le livre.

J'ai vérifié à 16 h 30 auprès du secrétariat de l'avocat que l'e-mail était bien parvenu à sa destination. Oui, m'a-t-on répondu. Je n'avais plus qu'à attendre.

Je n'ai pas attendu longtemps.

À 21 h 22, ce mercredi 25 juin 2025, un SMS s'affiche sur mon portable :

« Arrête d'envoyer des questions pour qu'on réponde à ton livre de merde. Tout le monde s'en balec' de ton livre.

T'es une demer frère. »

Puis, dans la même minute, un second message.

Un émoji figurant une crotte précède une courte mention :

« Ça c'est oit. »

Suivent cinq pictogrammes signifiant l'hilarité.

Personne ne parle mieux de Cyril Hanouna, 51 ans, que Cyril Hanouna lui-même.

Conclusion

Au bout du chemin, Cyril Hanouna apparaît-il plus nettement dans le personnage qui est le sien ?

Tel était, en tout cas, l'un des objectifs de cette enquête.

L'homme est aujourd'hui beaucoup plus qu'un animateur de télévision. Il est devenu, en dix ans, l'un des influenceurs de la société française. Peut-être en sera-t-il, demain, un représentant.

Dans l'instant, et sans préjuger du futur, il porte les sentiments d'une part certaine de l'opinion publique qui pense que la compassion, ça suffit, que la gentillesse est l'un des masques de la faiblesse et la tolérance, l'antichambre de la barbarie.

Ce n'est pas un hasard si ce dernier mot, ces derniers mois, a fleuri dans la bouche des plus importants responsables politiques.

Il faut voir dans les humiliations que Cyril Hanouna fait subir aux autres, dans les insultes qu'il leur adresse, l'expression d'un virilisme déjà mis en scène sous d'autres latitudes : Donald Trump aux États-Unis, Javier Milei en Argentine, Nayib Bukele au Salvador.

Les espoirs de succès futurs lui sont donc permis.

Il faut noter la contradiction immense dans laquelle évolue l'animateur de feu *TPMP*.

Il ne ressemble en rien à ceux qui l'ont accompagné et soutenu pendant des années.

Pascal Praud, par exemple, toujours tiré à quatre épingles, surjoueur de l'élégance morale, caricature de la vieille France, se situe aux antipodes des éclats et des outrances de son voisin de chaîne.

On peut dire la même chose du milieu bourgeois dans lequel évolue Vincent Bolloré, qui a dû s'effaroucher plus d'une fois de la grossièreté de l'animateur.

Enfin, son embauche à M6, microcosme télévisuel popote et familial, apparaît aussi incongrue que le serait le recrutement d'un bûcheron pour tenir le premier rôle dans *Le Lac des cygnes*.

Cela explique la réticence absolue des gens qui ont permis l'émergence du phénomène à évoquer les années de travail commun. Honte, sans doute. Culpabilité, peut-être. Mais vraiment peut-être.

Pour autant, cette histoire, dont les suites pourraient nous préoccuper dans les années à venir, ne peut pas rester sans historien. Ce livre est une première pierre, évidemment incomplète.

Il faudra bien que cessent la fuite et le silence, deux travers étrangers à l'idéal de la démocratie. Ce dont conviendront sans peine les soldats de l'Empire, défenseurs officiels de la liberté d'expression.

Table des matières

Cinquième partie
La chute de la maison Hanouna

Sixième partie
La deuxième vie

Septième partie
Vincent, Cyril et moi

pca
cmb
édition pré-presse
livres numériques

44400 Rezé

Imprimé en France par
CPI Brodard & Taupin
en septembre 2025

N° d'édition : 68938/01 – N° d'impression : 3062421
Imprimé en France sur du papier
issu de forêts gérées durablement.